T0065507

# ¡CUANDO 40 ACRES Y UNA MULA NO SON SUFICIENTES!

## La Jubilación No Es Una Edad Sino Un Número Económico

### LASHAUNDRA CAESAR

WESTBOW
PRESS®
A DIVISION OF THOMAS NELSON
& ZONDERVAN

Puede hacer pedidos de libros de WestBow Press en librerías o poniéndose en contacto con:

WestBow Press
A Division of Thomas Nelson & Zondervan
1663 Liberty Drive
Bloomington, IN 47403
www.westbowpress.com
844-714-3454

ISBN: 978-1-6642-6551-6 (tapa blanda)
ISBN: 978-1-6642-6552-3 (libro electrónico)

Información sobre impresión disponible en la última página.

Fecha de revisión de WestBow Press: 5/16/2022

# ACCONOCIMIENTOS

Estoy muy agradecida por el amor de Dios en mi vida. Él es el autor y consumador de mi fe. Estoy agradecida a mis padres Bill y Janie Caesar, que están descansando en el cielo por asegurarse de que me enseñaron sobre Dios, el perdón y me inculcaron una mentalidad de "trabajar duro". Mi madre fue muy creativa en el diseño de atuendos africanos y en la toma de fotografías de cada evento en mi ciudad natal de Kingsville, Texas. Aquí es donde yo desalloré el espíritu emprendedor. Mi padre, El Jefe Joe Bill Caesar sirvió a su país durante más de veintiséis años en la Marina de los Estados Unidos. Él me enseñó cómo manejar el dinero. Le encantaba cocinar, construir cualquier cosa de madera e ir de camping. Papá era un coleccionista de monedas. Estoy muy agradecida por tener padres amorosos que amaron a Dios y le agradezco a Dios por bendecirme con estos padres amorosos.

La escritura de este libro " Cuando 40 Acres y Una Mula No Son Suficientes" ha sido un libro en mi corazón y en mi alma durante más de seis años. En primer lugar me gustaría darle las gracias a mi esposa Mary Hall Caesar quien me animó a demostrar mi pasión en escrito. Ella fue mi inspiración y motivación para mantener las cosas en orden mientras pasaba incontables horas escribiendo. Mary también fue la primera editora. Una autora amiga mía, Geraldine Guadagno, me ayudó mucho al compartir algunos consejos de escritura y al darme algunos consejos útiles para la publicación de mi libro. Un gran agradecimiento a John y Sharon Konvicka, quienes me explicaron el valor de invertir mi dinero ganado con esfuerzo cuando tenia veintisiete años, en lugar de la compra de productos de depreciación. Me gustaría agradecer a todos mis clientes, amigos, familia, familiares de iglesia y participantes que han asistido mis talleres financieros y campamentos de entrenamiento a lo largo de los años.

V

Gracias a todos por sus oraciones y su apoyo de este esfuerzo. No puedo olvidar a mencionar al pastor de mi infancia, el Reverendo Earl Jackson de King Star Baptist Church que me animó a convertirme en oradora y dejar oír mi voz para inspirar a otros a triunfar. Mi pastor acutal, el Rev. Dr. William H. Knight, me apoyó mucho al animarme a seguir a continuar haciendo una diferencia en el mundo.

A través de sus palabras, hechos y oraciones, él siempre me apoyó y animó mi camino. Por ultimo, me gustaría agradecer a los miembros de mi equipo de publicación y edición de WestBow Press una división de Thomas Nelson.

Que todos que lean, toquen y comparten este libro con otros sean bendecidos sin medida. Recuerde que el conocimiento es poder, pero la aplicación es el éxito.

# SOBRE LA AUTORA

La Shaundra Caesar nació y creció en Kingsville, Texas. Se graduó de H.M. King High School y la Universidad de Texas A&I con un bachillerato en educación elemental. Recibió su maestría en educación administrativa de la Universidad de Texas San Antonio. Jugó baloncesto en la escuela secundaria y la universidad. LaShaundra sabia que quería ser una profesora y entrenar el equipo de baloncesto de la escuela secundaria. Su educación y el deseo de ser entrenadora la llevaron a San Antonio donde en 1997 su equipo "The Lady Hornets" de la secundaria East Central fueron al torneo estatal de baloncesto. Ella enseñó y entrenó durante treinta y dos años. Los últimos ocho años los pasó como subdirector y vicedirector en escuelas públicas y privadas. Con el verdadero corazón y amor por el entrenamiento y la motivación, se convirtió en una entrenadora de vida financiera certificada por el National Financial Literacy de Educadores Financieros y los cursos de Master Coaching de Dave Ramsey. Después de convertirse en una entrenadora de vida financiera certificada, ella emprendió su propia campaña de educación financiera. Ella abrió un despacho bajo "Caesar-Time"Financial Coach LLC, como directora ejecutiva y amplió sus servicios para ofrecer revisiones de pensiones, protección hipotecaria, beneficios de vida y gastos finales a sus clientes. La autora tiene su hogar en San Antonio, Texas con su esposa y dos mascotas. Estará encantada de responder a cualquier pregunta que pueda en el siguiente sitio web: whyequis.com/caesarsfinancialgroup

# PREFACIO

La educación financiera ha alcanzado proporciones epidémicas en nuestro país y causa grandes problemas tanto a nivel comunitario como nacional. Ocho de cada diez personas en Estados Unidos viven de cheque en cheque lo que contribuye a las noches de insomnio, el estrés, las enfermedades y la desesperanza. Tristemente, algunas personas recurren al suicidio como forma de salir de la esclavitud de la deuda. "Cuando Cuarenta Acres y Una Mula No Son Suficientes" se escribió para ofrecer soluciones a estos problemas. Vamos a echar un vistazo a lo que sucedió y no sucedió en en el año 1865 con las Órdenes Especiales de Campo 15, y luego avanzaremos en lo que podemos cambiar para crear una América libre de deudas/que construya riqueza para toda la gente.

Nuestros colegios, hasta hace poco no enseñaban la educación financiera, por lo que hemos perdido el tren en ese aspecto. Probablemente nos enseñaron lo básico como la lectura, la escritura y las matemáticas y algo de educación doméstica, arte y la educación física. Encluso en la universidad nos enseñaron las habilidades necesarias para conseguir un trabajo, pero nunca cómo manejar nuestro dinero y ahorrar para el futuro. "Cuando Cuarenta Acres y Una Mula No Son Suficientes" llega al corazón del problema. Este libro va directo al grano con un texto fácil de entender y estrategies para leer y aplicarlas a sus situaciones finaciaeras. Sabemos que la mayoría de nosotros ha cometido errores con el dinero. Es normal, especialmente en nuestros años de juventud, pero a medida que llegamos los veinte y primeros años de la treintena la vida comienza a enviarnos algunos retos como: comprar una casa, ahorrar dinero para la universidad de nuestros hijos y pagar esos préstamos estudiantiles. Otro reto podría ser encontrar esa una carera con la que podamos ser felices durante los próximos treinta o cuarenta años. Podemos jubilarnos antes, si sabemos cómo funciona realmente el dinero y empezamos a applicar estas estrategias lo antes posible. Algunos de estos consejos y estrategias pueden aplicarse en 10 minutos o menos.

# COMO LEER Y ESTUDIAR MEJOR ESTE LIBRO

Mira las palabras claves que se incluirán en el capítulo.

Lee la sección (tal vez quiere tener cerca una biblia para referirse a algunas escrituras).

Escribe en los espacios previstos cualquier cosa que quiera recordar.

Lee las preguntas de discusión y responderlas.

Lee las actividades de cada sección. Le animo que las consultes con su pareja o con su cónyuge, si tiene uno.

# CONTENIDO

# INTRODUCCIÓN

América, la tierra de libertad y el hogar del valiente, pero la libertad tiene un precio. En este libro "¡Cuando 40 Acres y Una Mula No Son Suficientes!" quiero analizar los acontecimientos que se produjeron y los que no se produjeron y lo que nosotros, como pueblo y el ochenta por ciento de los americanos necesitan saber sobre el dinero y las finanzas. ¿Cómo podemos reducir la deuda y crear riqueza para nuestras familias en medio de la incertidumbre para el año 2021 y más allá?

Echemos un vistazo a cuando la Guerra Civil estaba terminando. En ese momento, los líderes de la Unión celebraron una reunión con un grupo de ministros negros en Savannah, Georgia, el propósito de esta reunión era averiguar lo que los esclavos liberados querían para traer estabilidad financiera a sus familias

Después de cuarto días de discusiones, el General William T. Sherman llegó con la Orden Especial de Campo 15. La orden era apartar tierras para los esclavos liberados a lo largo de la costa desde Charleston, S.C. hasta el río St. Johns en Florida. Las mulas sobraban del ejército y no formaban parte del acuerdo. El general Sherman nombró al general de brigada Rufus Saxton la tarea de dividir la tierra y dar hasta cuarenta acres de tierra a cada familia. El portavoz de los líderes negros fue el reverendo Garrison Frazier. Cuando se le preguntó qué querían los esclavos liberados, respondió: "Queremos ser libres de la dominación de los hombres blancos, queremos ser educados y tener nuestra propia tierra".

El Dr. Stan Deaton de la Sociedad Histórica de Georgia declaró después del que el presidente Abraham Lincoln fue aesinado, su sucesor, el presidente Andrew Johnson revocó la Orden Especial de Campo 15 de Sherman dolviendo todas de la tierra a los antiguos propietarios confederados. Este acto de revocación de la Orden Especial 15 tuvo un efecto histórico en la riqueza económica y estabilidad de los esclavos liberados y sus familias durante generaciones.

Los esclavos liberados tenían pocas opciones para mantener a sus familias y mucho menos para crear una riqueza generacional. Sólo pensaba y me preguntaba….. ¿Dónde estarían las familias afroamericanas hoy en el año 2021, si nos hubieran dado los cuarenta acres?

Como he dicho, podemos mirar hacia atrás, pero centrémonos en el futuro. Los cuarenta acres y la mula nunca ocurrió hace 156 años para el esclavo liberado. Hoy en día esto valdría más de 6,4 trillones de dólares (¡Sí! Periódico -Tracy Loeffelholz Dunnjeff Neumann 14 de mayo, 2015). Con los avances y beneficios que disfrutamos como estadounidenses, ¿se ha dejado de lado el objetivo de mantener a nuestras familias de la mejor manera posible? ¿Hemos perdido de vista la diferencia entre deseos y necesidades? ¿Se ha sustituida la capacidad de crear riqueza real con la imagen de los medios de comunicación de lo que es la riqueza? La riqueza no es sólo una aparencia. ¿Estamos, cómo estadounidenses, conduciendo coches por encima de nuestras posibilidades? ¿Compramos ropa bolsos y zapatos de diseño, que no podemos permitirnos? ¿Está nuestro sueldo a merced del deseo de nuestros hijos de tener tecnología, juegos y juguetes caros? ¿Estamos sentados y esperando a que la última versión de un teléfono cellular que llegue a las estanterías? ¿Ahorramos lo suficiente para las necesidades a largo plazo como: la universidad, tener nuestro propio negocio y casa? ¿Estamos preparados para jubilarnos cuando queramos y viajar cuando y a donde queramos? ¿Hemos creado una riqueza generacional no sólo para nuestros hijos sino por los hijos de nuestros hijos? Nuestro antepasado pensó en el futuro económico de su familia proporcionando a sus hijos un legado para prosperar. Tenemos acceso a la educación como ninguna otra generación. Por supuesto, nuestras escuelas no nos enseñaron sobre las finanzas en el mundo real de nuestra vida cotidiana, hasta aproximadamente 2015. El sistema educativo ha perdido el tren de la educación financiera. Probablemente, si es como yo, tuvimos clases de lectura, escritura, ciencias, estudios sociales y matemáticas, junto con un poco de educación física, música y arte, pero nada de finanzas personales. Parece que las escuelas secundarias y las universidades educan al estudiante para que tenga un empleo remunerado, pero ¿qué hay de cómo manejar el dinero que se gana? Los pasos financieros en este libro le enseñarán a administrar su dinero mientras construye su riqueza. Quizás no sean 6,4 trillones de dólares, pero si se sique, seguro que son unos buenos ahorros. Yo misma he cometido muchos errores con el dinero. Me compraba un coche y lo cambiaba cada dos o tres años y me quedaba sin dinero. Cuando me financiaron un coche nuevo, seguía pagando el coche antiguo junto con el nuevo. Seguramente no pensaba en la diferencia entre deseos y necesidades porque pensaba que todo lo que quería era una necesidad.

Esto es lo que yo llamo pensamiento apestoso ¡seguro!

Este es una área que debemos llevar a la vanguardia del cambio. No podemos permitir que otra generación pierda esta valiosa información. ¡El conocimiento es poder! Quien tiene el conocimiento, tiene el poder. Si entra en un concesionario de automóviles y no tiene el conocimiento del vehículo que quiere comprar, junto con las opciones, los tipos de financiación, las rebajas el de lo que otros han pagado por el mismo vehículo y su capacidad crédito reciente, usted no tiene el poder, ¡ellos sí! El conocimiento sólo es útil si lo utilizas aplicándolo a algo. El conocimiento es poder, pero la aplicación ¡es el éxito! Así que, ¿por qué no trasladar el poder a usted y a las personas que quiere? A medida que adquiera conocimientos en todos los asuntos financieros, tendrá la confianza necesaria para compartir y enseñar estas estrategias a sus hijos y nietos.

Como muchos de nosotros, trabajamos cuarenta horas o más durante cuarenta años, sólo para jubilarnos con el cuarenta por ciento de lo que estábamos acostumbrados a ganar. Si tenemos la suerte o la bendición de vivir otros cuarenta años, puede que nos arruinemos. Si quiere continuar a trabajar hasta bien entrada la tercera edad, debe ser por elección y no por necesidad. Una buena educación puede abrir las puertas de las oportunidades, pero no siempre es así. Puede que tenga que llamar a muchas puertas. Si va a la universidad, hay una manera de ahorrar dinero asistiendo a un colegio comunitario, quedándose en su ciudad o estado, y/o quedándose en casa, si puede. Sé amable con sus padres, para que no conviertan su habitación en un estudio o sala de juegos. Las matrículas de las universidades fuera del estado suelen ser de dos o tres veces más caras que las del estado.

## Dos maneras de hacerse millonario

Método #1- La mayoría de personas hace más de 1.000.000 (millones) en su vida. Si una persona gana sólo 30.000 dólares al año y trabaja durante cuarenta años ha ganado 1.200.000 dólares. El problem es ¿cuánto ha ahorrado? ¿Pagó más en sus impuestos y obtuvo un reembolso cada año en lugar de llevar a casa el dinero extra e invertir el diez o el quince por ciento? ¡ Más adelante se hablará más de esto!

Método #2 – Empieza a invertir su dinero. ¿Sabía que si empieza a invertir sólo 100 dólares al mes a los veintiún año en un fondo de inversion obteniendo un rendimiento de al menos el ocho por ciento, tendrá más de 1.000.000 de dólares para cuando tenga sesenta y cinco años. Puede que no sea rápido, pero es constante. ¡ Más adelante hablaremos de ello!

### Mi historia sobre el dinero y la adicción

Mi primer trabajo fue de profesora/entrenadora en 1982. Ganaba la friolera de 13.500 dólares, cuando Texas eligió a Mark White como gobernador y dio a los maestros un aumento. ¡Gracias, Gobernador White! En ese momento ganaba 18.000 dólares. ¡Había llegado! No tenía planes, salvo comprar un Nissan 300 ZX con capota "T" (Silver Shadow era su nombre). **Me quedaba bien** en él......¡**Gran afro** y todo! Los tres siguientes coches que compré fueron un Mercedes-Benz 6.9, un Audi 6 y un Lexus 300. Me encantaban los coches, probablemente incluso era adicta a ellos. La verdad es que todos tenemos algún tipo de adicción, ya sean a los coches, la ropa, zapatos, los libros, la lotería, el juego, el tabaco, la bebida, la comida, o a _____ o a lo que sea que le guste. Ahora, desearía que todas esas compras de coches fueran casas en su lugar. Compré mi primera casa en 1985, ya que la propiedad de la vivienda tiene muchas ventajas fiscales, pero ya hablaremos de ello más adelante.

Deje de malgastar su dinero y ¡haga que su papel trabaje para usted!

# CAPÍTULO 1

# La Psicología Financiera y Nuestra Mentalidad

## Palabras Clave

**Dopamina** - Neurotransmisores en el cerebro que envían señales a los demás nervios en el cuerpo (sensación de bienestar).

**Mentalidad fija** - Tener la sensación de que nunca va a mejorar y de que está estancado.

**"Flossing"** (jerga) – Vivir por encima de sus posibilidades para impresionar a los demás.

**Mentalidad de crecimiento** – Tener la sensación de que se puede mejorar y hacer cambios positivos cuando sea necesario.

**Mentalidad** – Cómo se siente con respeto a si mismo.

**Necesidades** – Cosas necesarias para vivir: comida, agua, aire, sueño, ropa, y refugio.

**Psicología** – El estudio de la mente y los comportamientos.

**Deseos** – Las cosas que deseamos más allá de nuestras necesidades básicas: aparatos electrónicos e última generación, ropa de diseñ, vehículos caros, joyas, etc.

*Acre #1 – Imagen de Estados Unidos en 2020*

Casi cincuenta por ciento de estadounidenses viven al día

El cinccuenta por ciento de las mujeres mayores que viven solas, ganen menos de 10.000 dólares al año

Casi 66% de los estadounidenses tienen menos de 500 dólares en sus ahorros

Casi 45% no tiene una cuenta de ahorros

El cuarenta y dos por ciento de mujeres no tiene dinero en sus ahorros

El treinta y siete por ciento de padres no se sienten cómodo hablando con sus hijos sobre el dinero

Sólo el sesenta y nueve por ciento de estadounidenses ahorra un diez por ciento o menos para su jubilación

(www.gobankingrates.com)


*Acre #2 – Fácil con la dopamina*

¡Escucha América! Estamos gastando demasiado dinero en bienes que se deprecian. Las cosas que tienen poco o casi nada de valor después de la compra. Ha trabajado muy duro por su dinero para sólo comprar cosas primero tenemos que respetar nuestro dinero. Como decían los viejos, el dinero no crece en los árboles, has trabajado duro por él, valora tu dinero. ¿Podemos culpar de este tipo de gasto a la dopamina? La dopamina es el neurotransmisor del cerebro que viaja a otros nervios de nuestro cuerpo y nos hace sentir bien. Ya sabe cómo nos sentíamos cuando éramos niños al abrir nuestros regalos de Navidad. Sobre todo, cuando ya sabíamos lo que había dentro de las cajas, sólo decir. No podíamos esperar a jugar con nuestro juguete favorito. Como adultos seguimos teniendo ese mismo tipo de sensación, incluso cuando sólo estamos mirando "algo" que realmente queremos.

La Gente Rica Piensa de Forma Diferente

| Clase media | Ricos |
| --- | --- |
| Buena educación | Invertir en una buena educación financiera |
| Trabaja por su dinero | Que su dinero trabaje para ellos |
| Busca la seguridad laboral a través del trabajo | Crear una o varias empresas |
| | Invertir dinero |
| Ahorra dinero a bajos tipos de interés | Correr un pequeño riesgo para enriquecerse |
| No quiere correr riesgos | |

### Acre #3 – El ciclo mensual del dinero

¡GUAGU! ¡Acabo de recibir el pago! Salgamos a comer, festejar y a comprarnos algo que creemos merecer. El pensamiento apestoso le hará gastar su dinero en deseos y más deseos. Llega la mitad del mes y sigue gastando y gastando como si acabara de cobrar. Una vez que llega el fin del mes no sabe si tiene suficiente para comprar comida, pagar la factura de la luz, mantener el agua, o poner gasolina en su coche, así que acaba tomando medidas drásticas para conseguir dinero, como vender su coche, empeñar el televisor o su anillo de boda. ¡Para, por favor! ¿Y ahora qué hace? Pedir un préstamo a un pariente o a un amigo, intentar conseguir un préstamo de día de pago, un adelanto de efectivo, jugar a la lotería, o simplemente acumular otro pago atrasado que será reportado a las tres agencias de crédito. Tal vez haya entrado en una espiral de depresión y quiere que todo desaparezca. Bajo este tipo de estrés, ¿en qué tipo de cónyuge o padre se ha convertido? ¿Está enfadado y se siente desesperado por su situación? ¡Espero que no! Su ayuda consiste en leer este libro y pedirle a Dios que le ayuda a poner en práctica los consejos y estrategias para el éxito financiero ahora y en el futuro. La mayoría de estas estrategias y pasos útiles pueden ser implementados en diez o quince minutos.

¡El Conocimiento Es Poder, Pero La Aplicación Es El Éxito!

Apuntes (Cosas para recordar)

_____

_____

_____

_____

_____

"El rico se enseñoreará de los pobres; Y el que toma prestado, siervo es del que empresta.." Proverbios 22:7 –(KJV)

Preguntas para el debate

1. Mirando de nuevo el versículo anterior, ¿cómo sería su vida si no tuviera ninguna deuda? ¿Qué estarían haciendo usted y su familia en este momento si estuvieran libres de deudas?
2. Salir de las deudas requerirá mucho trabajo y diciplina. Nombra dos cosas que puede hacer inmediatamente para empezar a salir de la deuda.
3. ¿Qué le parecería deshacerse de sus tarjetas de crédito?

Actividades:

¿Cuántas tarjetas de crédito tiene? ¿Cuántas utiliza?

¿Qué le costaría pagar todo en efectivo, excepto su casa?

Sigue leyendo este libro hasta el final.

# CAPÍTULO 2

# Cómo Presupestar Su Dinero y Salir De La Deuda

<u>**Palabras clave**</u>

**Bienes que se revalorizan** – Artículos que suben en valor con el tiempo.

**Consecuencias** – Los resultos de algo que ha sucedido antes.

**Bienes que se deprecian** - Artículos que bajan de valor rápidamente.

**Fondo de emergencia** – Dinero que debe utilizarse sólo en caso de emergencia.

**Compra emocional** – Comprar cosas para sentirnos mejor.

**Finanzas** – La conducción o transacción de asuntos de dinero.

**Intensidad de gacela** - Ser intencional, estar verdaderamente centrado.

**Gratificación inmediata** – Lo quiere ahora, no está despuesto a esperar.

**Bienes no esenciales** - Cosas que no son necesarias para comprar.

*Acre #4 – Construir una relación sana con el dinero*

¿Es el amor del dinero la raíz de todos los males o es el uso que hacemos de él el mal? ¿Podría considerarse que la codicia es el mal? Como educadora de más de trienta y dos años, estoy familiarizada con la escritura y la enseñanza de Carol Dewitt, "Growth Mindset". Ella describe dos tipos de pensamiento y sentimientos sobre nuestras situaciones e incluso cómo se sienten los profesores sobre las habilidades de sus alumnos. Si esperamos poco de nuestros alumnos, obtendremos poco (fijo). Si desafiamos a nuestros alumnos, generalmente estarán a la altura del desafío (crecimiento).

La primera mentalidad es fija. En una mentalidad fija sentimos que esta es la vida que nos ha sido dada y que siempre será así. No puedo cambiar así que, ¿por qué intentar mejorar o crecer? Esta mentalidad fija puede mantener a uno en un trabajo sin futuro o sin trabajo. Siempre voy a vivir de cheque a cheque sin importar lo que intente hacer. No hay nada major para mí.

La segunda mentalida es la del crecimiento. En la mentalidad de crecimiento, no hay limite en nuestra forma de pensar sobre a dónde podemos llegar y lo que podemos lograr. Hoy estoy en este punto, pero si puedo hacer "A, B o C", entonces pasaré al siguiente nivel. En las finanzas estas personas están creando una vida mejor para ellos y sus familias.

### Acre #5 – ¿Qué compran las personas ricas, las de clase media y las de clase baja?

**La gente rica gasta su dinero en**: "Activos para ganar dinero" (bienes inmuebles, negocios, acciones...etc.). Las personas ricas lo son porque tienen hábitos de gasto e inversion que crean más riqueza. Sus procesos de pensamiento antes de cualquier acuerdo o compra es "¿creará esto más dinero?" No se trata tanto del costo inicial de la compra, sino de ¿cuántos beneficios o crecimiento se pueden obtener con esa compra. ¿Cuál será el retorno de mi inversion (ROI)?

**La gente de clase media gasta su dinero en**: "Activos" (casas, coches, viajes internacionales y electrónica de alta gama) y "Cosas". La clase media tiene activos que necesitan ser pagados o que no les hacen ganar dinero. Esos activos todavía se consideran un pasivo. Una casa no es un activo hasta que se convierte en una propiedad de alquiler o genera un beneficio. Oh…y coches no se revalorizan, por lo que son realmente un pasivo. "Cosas" que nos gusta comprar. No trate de mantenerse al día con los

"Jones". No intente seguir el ritmo de los "Jones", ya que no vive con ellos y viven de un cheque en cheque.

**Las personas con bajos ingresos gastan su dinero en:** Cosas (necesidades básicas) uñas, ropa, pelo, música, televisores, aparatos electrónicos, billetes de lotería, rascas, cigarrillos, alcohol....etc, Tarjetas de crédito, préstamos de pago y préstamos sobre el título nos hacen "ESCLAVOS". ¡El efectivo es rey! Intenta pagar en efectivo por las cosas que <u>necesita</u>. Es tan fácil de sacar una bonita y colorida tarjeta de crédito y utilizarla para las compras. Esto es mercadotecnia psicológico porque sabemos que podemos pagar más tarde. Cuando pagamos en efectivo somos más consientes de nuestro gasto, porque la compra es inmediata. En nuestra mente, no estamos perdiendo nada, porque cuando entregamos la tarjeta al cajero, recuperamos nuestra tarjeta y lo que hayamos comprado. Cuando pagamos en efectivo, vemos visualmente el dinero ($$$) saliendo de nuestro bolso o cartera. Hay una sensación de pérdida de algo (un intercambio parejo). ¡Incluso lo sentimos! Aquí es donde las compañías de tarjeta de créito hacen su dinero, cuando no paga el saldo completo antes de 30 días ahora está pagando de dieciocho a veintisiete por ciento interés. Tal vez, usted recibió una tasa de interés de prueba para una cierta cantidad de tiempo. ¿Pregunta?????? ¿Le informó su compañía de tarjetas de crédito que aunque usted pague su factura a tiempo, sus tres puntuaciones de crédito no suben hasta que su saldo esté por debajo del treinta por ciento de utlización? Por ejemplo, digamos que su límite de la tarjeta de crédito es 1.000,00 dólares y usted carga una compra de 700,00 dólares para un nuevo televisor. Su pago vence y usted paga el pago mínimo de $50.00. Así que ahora su saldo es de $650.00 más; por supuesto, los intereses. Usted todavía ha utilizado el sesenta y cinco por ciento de utilización o en la tarjeta. Su puntuación no mejoran hasta que su saldo sea inferior a 300 dólares o al treinta por ciento del límite de crédito original. Una vez más, pague en efectivo o espere y ahorre para ello.

| Lo bienes que se deprecian | vs | Los bienes que se aprecian |
|---|---|---|
| Coches | | Bienes inmuebles |
| Ropa | | Monedas antiguas |
| Zapatos | | Joyas finas |

| | |
|---|---|
| Juegos de azar | Metales (oro, plata) |
| Tecnología | Empresas de éxito |
| Teléfonos | Objetos de colección(arte, porcelana |
| Uñas/Tusos/Cabello | |
| Alcohol | |

## *Acre #6 – Establecer un presupuesto familiar que funcione*

Un presupuesto indica a qué debe destinarse el dinero. Cada dólar debe tener un nombre y un lugar al que pertenecer. La creación de un presupuesto debe ser un asunto familiar. Por lo general, son los niños los que piden continuamente "deseos". Comparta el presupuesto con la familia. "Educa al niño en el camino que debe seguir y cuando sea mayor, no se apartará de él". Proverbs 22:6 (KJV) Prueba este programa de presupuesto gratuito www.everydollar.com

Las tres cuentas que debe tener en su presupuesto

Cuenta # 1 - Fondo de Emergencia (EF) con 1.000 dólares para empezar y luego aumentar

Cuenta #2 - Ahorros (puede combinarse con el EF o por separado, pero hay que saber para qué son)

Este dinero debe estar en una cuenta del mercado monetario (manténgalo líquido)

Cuenta #3 - Fondo de jubilación - para crear riqueza (¬ es para su jubilación)

# Presupuesto sólido

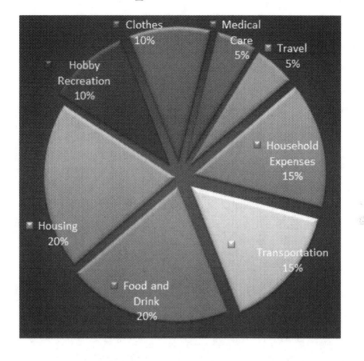

Una vez que se acostumbre a crear y utilizar un presupuesto, éste le proporcionará un plan de gastos y ahorros. Esto debe hacerse de forma sistemática. Elabore este presupuesto familiar con su cónyuge o pareja. Si tiene hijos, ellos también deben participar y entender que no puede comprarles todo lo que quieren. Usted, como padre, debe sentirse cómodo enseñando a sus hijos sobre el dinero y lo importante que es mantenerse dentro del presupesto. Enséñeles la diferencia entre "DESEOS" y "NECESIDADES". Sigue leyendo y siguiendo este libro y le ayudaré a crear confianza financiera, para que se sienta cómodo a la hora de enseñar a los miembros de su familia sobre el dinero. Los niños pequeños también pueden aprender a ganarse la paga realizando tareas en la casa o en el vecindario. Cuanto mayor sea el niño, más deberá ganar. Ahora, cuando quieran algo, haz que utilicen su dinero. Hay generalmente ocho áreas principales en las que se gasta el dinero durante el mes. Por supuesto, algunas áreas requerirán más dinero que otras, ya que son un gasto mayor. Los porcentajes deben ser iguales al 100%. Para ayudarme a mantenerme dentro del presupuesto, colocaría la cantidad de dinero asignada a cada área en un sobre.

### *Acre #7 – Pasos para pagar en efectivo con el método de los sobres*

Yo uso cuatro sobres y los etiqueto: Restaurantes/Alimentos, Ropa Entretenimiento/Pasatiempos y Gasolina. Veamos un ingreso familiar de $4,000.00 al mes (neto), después de quitar los impuestos y las deducciones.

PASO #1 - Sacar el 10% para los diezmos (iglesia, donaciones a organizaciones benéficas) =$400.00

PASO #2 - Saque el 5% para el Fondo de Emergencia = $200.00

PASO #3 - Saque el 5% para los ahorros = $200.00

20% para la vivienda = $800

15% Restaurante/Almacén = $600 (Puede usar 2 sobres separados aquí si gasta más dinero en restaurantes que en el supermercado)

10% - Gastos del hogar = $400
10% - Transporte = $400
5% - Ropa = $200
5% - Entretenimiento/Pasatiempos = $200
5% - Gasolina = $200
10% - Médico/seguro = $400

**Cuida sus cuatro paredes: comida, vivienda transporte y ropa básica**

"No des sueño a tus ojos, ni adormecimiento a tus párpados. Libera de la mano del cazador, y como ave de la mano del cazador". Proverbios 6:4-5 (KJV)

¿Qué es la intensidad de la gacela?

Para entender la intensidad de las gacelas, hay que saber qué es una gacela. Una gacela es uno de los numerosos antílopes africanos y asiáticos. Se sabe que una gacela es capaz de correr hasta velocidades de noventa millas por hora durante un período sostenido, cuando están tratando huir de un depredador. La intensidad de la gacela es el correr por su vida. Corre huye de su deuda tan rápido y tan largo como sea necesario porque su vida o la vida de sus seres queridos puede depender de ello.

Apuntes (Cosas para recordar)

_____

_____

_____

_____

_____

_____

Preguntas para el debate:

1. ¿Ha comprado alguna vez algo por emociones?
2. ¿Has comprado alguna vez algo y luego has deseado no haberlo hecho? (remordimiento del comprador)
3. ¿Qué significa para ti la intensidad de la gacela?
4. ¿Cree que sus hijos preadolescentes deberían participar en la creación del presupuesto?

Actividades:

Tan pronto como sea posible, celebre una reunión sobre el presupuesto con su cónyuge o pareja para elaborar un presupuesto y utilizar el sistema de sobres para mantener las cantidades presupuestadas de dinero en efectivo en estos sobres.

Haz una lista de cinco maneras de empezar o seguir construyendo tu fondo de emergencia.

Revise su casa y vea lo que podría vender para añadirlo a su fondo de emergencia o para pagar algunas facturas. Hable con su cónyuge o pareja lo que ambos están de acuerdo en vender.

### *Acre #8 – Buenas noticias sobre la deuda*

Este es el siguiente paso después de crear un fondo de emergencia de al menos de $1,000. La deuda está robando nuestra riqueza de nuestros hijos y nietos. Ellos están observando cómo usa el dinero, cómo lo ahorra, cómo lo respeta y cómo usa el crédito. Estar endeudado no tiene por qué durar siempre. Rompa el ciclo de la deuda ¡AHORA! Puede eliminar las tarjetas de crédito, los préstamos y otras deudas más rápido de lo que espera sin usar ningún dinero extra por medio de la "bola de nieve de la deuda o el apilamiento de la deuda. Este método le permitirá pagar la deuda mucho más rápido, pero se necesita disciplina para seguir el plan. Simplemente haga una lista de sus deudas desde la más pequeña hasta la más grande, y luego pague la factura más pequeña lo antes posible. Todo el dinero extra que tengas debe destinarse a esta primera factura. Quiere acabar con esta deuda. Ahora tome el dinero extra que se usó para la primera cuenta y páguelo en la segunda junto con el pago regular. Cada vez que pague una cuenta, pon el dinero extra en la siguiente y observa cómo sus deudas desaparecen rápidamente. Intenta pagar todas las deudas posibles.

## Bola de nieve/apilamiento de deudas (1.970 dólares al mes)

**Dillards $20**

| | | |
|---|---|---|
| Zales $80 | Zales $100 | |
| Visa (3) $220 | Visa (3) $220 | Visa (3) $320 |

| | | | |
|---|---|---|---|
| Préstamo estudiantil $350 | Préstamo estudiantil $350 | Préstamo estudiantil $350 | Préstamo estudiantil $670 |

| | | | | |
|---|---|---|---|---|
| Préstamo de coche $400 | Préstamo de coche $400 | Préstamo de coche $400 | Préstamo de coche $400 | Préstamo de coche $1070 |

| | | | | | |
|---|---|---|---|---|---|
| Hipoteca $900 | Hipoteca $900 | Hipoteca $900 | Hipoteca $900 | Hipoteca $900 | Hipoteca $1970 |

Apuntes (Cosas para recordar)

_____

_____

_____

_____

_____

_____

## LASHAUNDRA CAESAR

Preguntas para el debate:

1. ¿Qué medidas puede tomar para asegurarse que su informe crediticio es correcto?
2. ¿Qué tipo de tácticas utilizan las compañías de tarjetas de crédito y préstamos para que usted solicite un crédito o más crédito?
3. ¿Cómo se presiona a los consumidores para que utilicen el crédito para sus compras?

Actividades:

Ordena todas sus deudas de menor a mayor y utiliza el método de la bola de nieve de deudas/ método de apilamiento de deudas para pagar las facturas más rápidamente.

# CAPÍTULO 3

# Planes Bíblicos Para Nuestras Finanzas y La Retribución

## Palabras Clave

**Abundancia** – Tener un desbordamiento.

**Generoso** - Mostrar disposición a dar más de algo, como dinero o tiempo, de lo que se espera.

**Buen administrador** - Seguir las enseñanzas de Cristo, incluso en las finanzas.

**Avaricia** - Querer mucho más de lo que se necesita, centrarse únicamente en uno mismo y en las posesiones.

**Ingreso bruto** - Salario antes de descontar los impuestos y las deducciones.

**Mitos** - Cosas que no son ciertas, pero que creemos que lo son.

**Renta neta** - El salario después de descontar los impuestos y las deducciones.

**Ofrenda** – Una cosa que se ofrece como regalo o contribución.

**Servidores** - Trabajar y ayudar a favor de los demás sin quejarse.

**Administración** - Trabajar para glorificar a Dios.

**Excedente** - Tener un extra.

**Diezmos** - Una décima parte de los productos o ganancias anuales.

**Diezmo** - Dar el diez por ciento a la iglesia para la construcción del reino o a cualquier organización en la que creamos.

### *Acre #9 – Tener nuestras prioridades en orden*

El Plan del Maestro (Lee Proverbios 13:11, 28:20 (Hacerse rico lentamente), Proverbios 14:31, 17:5, 21:13 (Da a los pobres), Proverbios 6:6-8, Proverbios 13:4, 12:24 10:4 (No seas ocioso) Proverbios 30:8 (No sea demasiado rico ni demasiado pobre), Proverbios 23:5, 27:23, Proverbios16:8 (Ten sus prioridades en el orden correcto)

El plan de Dios para nuestra vida se puede resumir en "Amado, deseo sobre todas las cosas que seas prosperado y tengas buena salud, así como prospera tu alma". 3 Juan 1:2 (RV). ¿Notó que la palabra clave es prosperar? Cubre estas tres áreas: su alma, su salud física y sus finanzas. La pobreza, la derrota y las frustraciones no son la voluntad de Dios. Dios también nos muestra cómo ahorrar para el futuro. Malaquías 3:10 "Lleva el 10% a la Casa de Dios"

Salmos 24:1 "del Señor es la tierra y todo lo que hay en ella, el mundo y todos los que lo habitan". Dios es justo y amoroso, por lo que tiene la bondad de permitirnos que seamos buenos administradores con el noventa por ciento restante.

Quédate satisfecho y agradecido por lo que Dios te ha proporcionado. " Debes ser fiel sobre unas pocas cosas, así que te haré gobernante de muchas ". Mateo 25:23

"El que pide prestado es siervo del que presta" Proverbios 22:7

Ten cuidado con el ORGULLO (pride) - "El orgullo de uno lo hará caer, pero el que es humilde de espíritu obtendrá honra"- Proverbios 29:23

P= Gente
R= Rodando
I = En
D= Deuda
E= Eternamente

### *Acre #10 – ¿Por qué un buen administrador devuelve?*

Dios quiere que seamos generosos al dar a los demás. Se puede dar de muchas maneras diferentes a muchos lugares diferentes. Todo lo que tengo es un regalo de Dios. He sido bendecido con creces.

### ¿Qué significa ser un buen administrador?

Ser un buen administrador para mí significa ser agradecida con todo lo que se ha provisto. Nuestras necesidades e incluso algunos de nuestros deseos. Dios solo nos pide que nos ocupemos del noventa por ciento que se nos ha confiado. ¡Diez por ciento, en realidad TODO lo que tenemos le pertenece, pero nos permite administrar el noventa por ciento! "No importa cuánto demos o a quién, nuestra primera prioridad debe ser garantizar que se haga justicia a nuestro alrededor, que mostremos misericordia a nuestro prójimo y que practiquemos nuestra fe y no sólo hablemos de ella. Es a través de nuestra obediencia que Jesús aumenta nuestra fe". (¿Qué dice la Biblia sobre.........Nelson 2001). Ya sea que pertenezca a una iglesia o asista con regularidad hay trabajo que hacer alrededor y para nuestras comunidades. Ofrece su tiempo y energía a una causa digna de su elección. Una de mis formas de retribuir es ayudar a los demás aprender sobre finanzas y dinero. El objetivo principal es no endeudarse sino cómo construir una riqueza generacional para nuestras familias.

## MENSAJE ESPECIAL PARA LOS PASTORES, SACERDOTES, REVERENDOS Y LÍDERES DE LA IGLESIA

# DIEZMOS

---

¿Cuanto más podría servir a nuestra comunidad si sus miembros pudieran dar más? ¿Cómo serían sus diezmos si sus miembros estuvieran bien informados desde el punto de vista financiero?

El analfabetismo financiero ha alcanzado porpociones epidémicas en nuestro país y causa grandes problemas tanto a nivel comunitario como nacional. Ocho de cada diez personas viven al día, lo que contribuye al estrés y a las noches de insomnio. Esta epidemia duele no sólo perjudica a los individuos, sino a la comunidad en su conjunto. La unica solución viable para detener esta epidemia es la educación.

Muchos miembros de nuestra comunidad no diezman porque su vida espiritual y financiera no están en equilibrio. Para que una persona tenga una vida equilibrada, debe estar equilibrada espiritual y financieramente. Proverbios 21:20 dice "el sabio ahorra para el futuro, pero el necio gasta todo lo que consigue". Lucas 14:28 dice "Supongamos que uno de vosotros quiere construir una torre. ¿No se sentará primero a calcular los costos para ver si tiene suficiente dinero para completarla?"

Apuntes (Cosas para recordar)

_____

_____

_____

_____

_____

_____

Preguntas para el debate

1. ¿ ¿Cuáles son algunas formas de enseñar a sus hijos o nietos sobre el dinero?
2. ¿Cómo cambiaría su capacidad de diezmar si estuviera libre de deudas?

Actividades:

Si quiere conocer todo el plan de Dios para sus finanzas lee todos los Proverbios. Hay 31 capítulos. Mi sugerencia es que lea un capítulo al día durante un mes. Por cierto, ¡son cortos!

# CAPÍTULO 4

# Perfile de crédito

## Palabras clave

**1099c** – Cuando usted llega a un acuerdo y paga menos a un acreedor, éste se lo comunica al IRS y usted debe añadirlo a su renta imponible.

**Historial de crédito** – La cantidad de tiempo que ha tenido crédito con una empresa y su historial de pagos.

**Utilización del crédito** – La cantidad de su limite de crédito que utiliza.

**Depreciación vs. Apreciación** - El valor baja vs. el valor sube.

**Consultas** – Cuando intenta obtener un crédito y la empresa comprueba tu crédito.

**Acuerdos/despidos** - Cuando usted acuerda con un acreedor pagar una cantidad inferior a la que se le debe.

**LASHAUNDRA CAESAR**

*Acre #11 – La deuda es el asesino de la riqueza*

Buena Deuda                    vs.    Deuda Mala

| Buena Deuda | Deuda Mala |
|---|---|
| Préstamos de inversión | Tarjetas de crédito |
| Préstamos para la renta | |
| Producción de bienes raíces | Préstamos personales |
| Préstamos para empresas | Préstamos de día de pago |
| Préstamos para la educación | Préstamos para coches |

Préstamos Hipotecarios

### Acre #12 – Conocer las diferencias entre el buen y el mal crédito

Las soluciones rápidas ayudan a cavar su agujero. (Préstamos de pago y préstamos de título, etc.) ¡¡Aléjese de esos lugares!! Algunos cobran trescientos por ciento (300%) de interés o más.

¿Qué es el crédito?

| Buen crédito: | Mal crédito: | Compra con ahorros: |
|---|---|---|
| Compras $1,000 | Compras $1000 | Compras $1,000 |
| *Tipo de interés 7%* | *Tipo de interés 27%* | Cantidad ahorrada/mes $125 |
| Pago mínimo $10 | Pago mínimo $23 | 8 meses para ahorrar $1,000 |
| 12 años para pagar | 12 años para pagar | Intereses ganados por el dinero |
| Interés pagado $440 | Interés pagado $2,312 | Ahorros $30 |
| **Coste real $1,440** | **Coste real $3,312** | **Coste real $970** |

Actividades: Mira cuántas tarjetas de crédito tiene y ¿cuál es el tipo de interés?

¿Puede ahora cortar la tarjeta y llamar al acreedor y cancelar la cuenta? Pídeles que le envíen por correo electrónico la prueba de que su cuenta ha sido cerrada. Tiene que hacer los pagos si todavía debe un saldo.

### Acre #13 – ¿Cuál es el rango de las puntuaciones de crédito?

Lo bueno, lo malo y lo feo de las puntuaciones de crédito

- 800-850    EXCELENTE
- 750-799    MUY BUENO
- 700-749    BUENO
- 650-699    JUSTO
- 600-649    POBRE
- 300-599    MALO

**Aprende y aplique los pocos pasos para reparar su crédito rápidamente.**

Tener una puntuación de crédito alta significa realmente que ha utilizado mucho crédito en el pasado y que, en lugar de comprar artículos en efectivo, ha hecho esas compras a crédito. Lo más inteligente es cambiar su mentalidad para usar efectivo para todo cuando sea posible, especialmente para los bienes que se deprecian. Cuando compre una casa, es posible que tenga que utilizer un crédito, pero recuerde que es major financiar durante quince años en lugar de treinta. Sus pagos serán un poco más altos, pero ahorrará más dinero en el pago de intereses. Es incluso utilizar la bola de nieve de la deuda/el apilamiento de la deuda para pagar su hipoteca en menos tiempo.

*Acre #14 – Cómo mejorar mi puntuación de crédito*

Turbo Carga sus tres (3) puntuaciones de crédito
(Experian, Equifax y TransUnion)

| Factores que reducen la puntuación | Hábitos que aumentan la puntuación |
|---|---|
| Pagos atrasados | Pagos puntuales |
| Múltiples consultas | Consultas limitadas |
| Utilizar el treinta por ciento o más de su límite de crédito | Utilizando menos del treinta por ciento de su límite de crédito |
| Solicitar muchos créditos nuevos | Duración de la tarjeta |
| Las quiebras, los embargos fiscales o las sentencias judiciales caen o después de 7 años | Propietario de la vivienda |

Apuntes (Cosas para recordar)

_____

_____

_____

_____

_____

_____

Preguntas para el debate:

1. ¿Qué medidas puede tomar para asegurarse de que su informe crediticio es correcto?
2. ¿ ¿Qué tipo de tácticas utilizan las empresas de tarjetas de crédito y de préstamos al día siguiente para que solicites un crédito o más crédito?
3. ¿Cómo se presiona a los consumidores para que utilicen el crédito para sus compras?

Actividades: Mira los saldos de sus tarjetas de crédito. ¿Cuáles puede pagar más rápidamente hasta el treinta por ciento de utilización? Fórmula: Límite de crédito X 30% = importe del 30% de utilización

Ejemplo: Límite de crédito de Wal-Mart $1,000 x 30% = $300 Una vez que haya pagado esta tarjeta de crédito hasta el treinta por ciento de utilización o menos, su puntuación de crédito aumentará mucho más rápido. El objetivo es conseguir que TODOS sus saldos de crédito estén por debajo del treinta por ciento (30%) y luego a cero.

Regístrese en www.creditkarma.com para obtener su puntuación de crédito.

# CAPÍTULO 5

# Cómo Comprar Un Vehículo y Ahorrar Dinero

## Palabras clave

**Cebo y cambio de moneda** - Se anuncia un precio bajo para que vayas al concesionario, pero ese coche se ha vendido.

**Coste de cierre** – Son costes adicionales añadidos al precio del coche.

**Comparación de compras** – Busque en línea o visite otros concesionarios para ver el coste del mismo coche o vehículo que quiere comprar.

**Características de conveniencia** – Son características del coche que añaden lujo, facilidad de comodidad o el disfrute del entretenimiento.

**Seguro GAP** – Un pequeño coste adicional cada mes que se incluye en su pagao. Esto cubre la diferencia entre el valor de su vehículo y lo que debe si tiene un accidente o si le roban el vehículo.

**Alquiler** - Alquilar el coche por un periodo limitado que suele ser de treinta y seis meses. Los pagos suelen ser más bajos que los de la compra del vehículo. Usted también se puede limitar el número de kilómetros que se pueden recorrer con el coche.

**Opciones**- Pueden ser opciones de color, estilos de interior, potencia del motor y diseños de ruedas.

**Rebaja** – Normalmente, a principios de año cuando salen los nuevos modelos, la empresa ofrece una rebaja o reembolsa una determinada cantidad por la compra del nuevo vehículo.

**Características de seguridad** – Son elementos del coche que añaden seguridad (cámaras de seguridad, sensores de ángulo muerto, asistencia de frenado, asistencia de frenos antibloqueo, etc.).

**Valor de cambio** – El valor que el concesionario cree que tiene su coche.

**Valor de mercado/valor negative** – Es la diferencia entre lo que el concesionario cree que valor su vehículo y lo que realmente debe por él.

### *Acre #15 – Saber cómo negociar su próximo vehículo*

Hablando de experiencia como cliente y vendedora, ¡hablo desde ambos lados! ¡Esto fue una vez mi adicción! Me gustan los coches bonitos, deportivos, de lujo y caros. Esta depreciación de los ojos tuvo mi atención y mi dinero durante 40 años.

He comprado más de veinticinco coches y camiones antes de los cincuenta y cinco años. Qué cabeza de chorlito para comprar todos estos bienes que se deprecian. Y lo que es peor, la mayor parte del tiempo estaba al revés cuando cambié un coche. Estaba atrapado en la mentalidad de "sin dinero de por medio". Me quedaba con un coche de dos a cuatro años y luego otra cosa me llamaba la atención.

**Los doce pasos para comprar un vehículo y ahorrar dinero.**

1. Saber lo que necesita
2. Saber lo que quiere
3. Comparación de compras
4. ¿Cuánto se puede permitir realmente?
5. ¿Qué llevar al concesionario?
6. Buscar en el aparcamiento es emocionante
7. La prueba de conducción anticipada
8. Su vehículo a cambio (si tiene uno)

9. La discusión entre el gerente y el vendedor
10. El precio es correcto, ¿y ahora qué?
11. A la oficina de finanzas (Ver Paso 1)
12. Conducir hacia fuera (¿Qué son esos artilugios?)

Tenga en cuenta que en pasos del uno al cinco deben hacerse antes de ir al concesionario. Sepa lo que quiere y necesita en el vehículo. Cada opción (campanas y silbatos) aumenta el coste del vehículo. Algunas opciones son para aumentar la seguridad: cámaras de marcha atrás, espejos de punto ciego y pitidos sensores, asistencia de aparcamiento y parada, corrección de cambio de carril involuntario, GPS, etc. También hay opciones que son para el estilo, la comodidad y la individualización como: llantas deportivas, sistema estéreo mejorado, asientos de cuero asientos con aire acondicionado y calefacción, etc.

Analiza bien su presupuesto antes de comprar un vehículo. ¿Los pagos y elseguro supondrán más del quince por ciento (15%) de su presupuesto familiar? ¿El pago del coche es mayor que el de la casa o el alquiler? ¿Has comprobado el coste de mantenimiento y reparación de ese vehículo en concreto? En algunos vehículos, un simple cambio de aceite puede costar más de trescientos dólares ($300). La mayoría de los coches de lujo sólo pueden ser revisados en el concesionario, lo que puede costar dos o tres veces más que un buen mecánico externo. El seguro es otro gasto importante que hay que investigar. Cada coche tiene una clasificación y un coste. Compruebe si el coche que desea tiene demanda para ser robado. Los ladrones tienen como objetivo ciertos coches y camiones.


¿Puedo permitirme ese vehículo?

- ¿Cuáles son los costes que tendrá al comprar un coche?
- Conozca los factores que determinan el coste del seguro de ese vehículo.
- ¿Es mejor alquilar o comprar un vehículo? ¿Por qué o por qué no?
- Utilice los doce pasos de Caesar-Time para ahorrar miles de dólares
- al comprar un vehículo.

Tenga siempre por lo menos de dos a cuatro mil dólares para dar de entrada a un vehículo. Por qué... porque no quiere que la compañía financiera incluya: impuestos, título, licencia, tasa de documentación, tasas de transporte, etc. en el coste del préstamo. Si quiere cambiar el coche antes de pagarlo, es probable que se encuentre en una situación de desventaja en cuanto a los pagos (debe más del coche de lo que el concesionario dice que vale). Puede ser prudente comprar un buen vehículo usado con dinero en efectivo o alquilar uno durante tres (3) años.

Yo sugeriría obtener un seguro GAP mientras que esté en la oficina de finanzas. Pagará lo que usted debe en el vehículo, en lugar de sólo el valor del coche (depreciación) en caso de que el vehículo sea total en un acidente o sea robado.

## ¿Por qué alquilar un vehículo?

| | ¿Cuáles son mis opciones cuando el contrato de arrendamiento se termine? |
|---|---|
| Pagos mensuales más bajos | |
| No hay patrimonio negative ni alzas en el precio | Refinanciar y conservar |
| Facturas de bajo mantenimiento | Cambiarlo por otro |
| Pagos iniciales más bajos | Venderlo |
| Estar al día con la última tecnología | Entregarlo |
| Conozca el valor de finalización del arrendamiento por adelantado (arrendamiento cerrado) | |
| Algunos vehículos mantienen su valor más tiempo que otros | |

**Preguntas frecuentes**

¿Y el kilometraje?

La mayoría de los contratos de arrendamiento de vehículos tienen una duración de treinta y seis (36) meses. Por lo general, el arrendatario puede conducir hasta 36.000 millas en el coche antes de que se les cobre una cuota adicional por cada kilómetro. Esta cuota adicional suele oscilar entre 0,10 y 0,25 dólares por milla.

Los concesionarios generalmente le permitirán comprar millas adicionales por adelantado, lo cual es menos caro que en la parte posterior. El coste por adelantado puede ser de 0,10 dólares por 10.000 millas extra, lo que costaría mil dólares, pero si las millas extra están en la parte trasera, serían 0,25 dólares, que costaría dos mil quinientos dólares, ¡lo cual es una gran diferencia!

¿Y los daños?

Los concesionarios esperan un cierto desgaste en los coches después de los tres años, por lo que una pequeña abolladura de la puerta se espera y por lo general no bajará el valor del vehículo cuando se acabe el contrato de alquiler. Por otro lado, si el vehículo tiene daños por haber sido golpeado o accidentado, el valor del vehículo se reducirá si no se repara. En mi experiencia, si la abolladura no es más grande que una tarjeta de crédito, no pierde valor.

Apuntes (Cosas para recordar)

_____

_____

_____

_____

_____

_____

Preguntas para el debate:

1. ¿Qué características adicionales crees que el gestor financiero intentará añadir al coste de arrendar un vehículo en lugar de comprarlo?
2. ¿Cuál crees que podría ser la ventaja de alquilar un vehículo en lugar de comprarlo?

Actividades:

Haz una lista de tres vehículos diferentes que le gustaría comprar algún día. Anota algunas caractéristicas (opciones) que debe tener. Busca en Internet un concesionario que venda ese vehículo. Compara los precios en un par de concesionarios. Intenta hacerlo sin dejar su información de contacto o podrían intentar ponerse en contacto con usted. Prueba con www.truecar.com.

# CAPÍTULO 6

# Impuestos y Prestaciones

## Palabras clave

**Deducciones** - Son una forma de incentivos fiscales, junto con exenciones y créditos que reducen su obligación fiscal.

**Dependientes** - el número de hijos en su hogar que dependen económicamente de usted.

**Diligencia debida** - Hacer su propia investigación.

**Pago excesivo** - Cuando usted paga de más su obligación tributaria y le deben un reembolso.

**Reembolso** - la diferencia entre los impuestos pagados y los impuestos adeudados sin intereses.

**W-2** - Un empleador debe enviar este formulario a los empleados y al IRS a de año para informar del salario anual de un empleado y de la cantidad de impuestos retenidos de su cheque de pago.

**W-4** - (Employee's Withholding Allowance) Formulario del IRS para que un empleado indicar su situación fiscal al empleador.

*Acre #16 – Impuestos de propiedad*

## Impuestos, Impuestos y Más Impuestos

Aceptémoslo. Todos tenemos y debemos pagar algunos impuestos. Nuestro primera mirada será los impuestos sobre la propiedad. El dinero de los impuestos ess necesario para las personas y los servicios en nuestras comunidades. El dinero de nuestros impuestos se utiliza para mejorar infraestructuras: puentes, carreteras, autopistas, y servicios comunitarios: departamentos de policía, parques de bomberos, y atención sanitaria para muchos de sus ciudadanos. El dinero también apoya los programas escolares. Tenemos un papel que desempeñar en nuestras comunidades, pero no tenemos que pagar más de nuestra parte. Si cree que la valoración de su impuesto sobre la propiedad es demasiado alto, puede impugnar la valoración normalmente hasta mayo. Mire alrededor de su propiedad en las casas de la delantera, trasera y lateral de su propiedad. ¿Son más grandes, más pequeñas, mantenidas, chatarreras, etc.? ¿Está su propiedad al lado de una zanja, o de una zona de arbustos? ¿Hay casas vacías o abandonadas a su alrededor? Estas propiedades afectan a la valoración fiscal de su propiedad. Asegúrese de tomar muchas fotos para probar su punto. Puede que se sorprenda de lo mucho que el oficina de impuestos del condado puede reducir la cantidad de impuestos que debe.

*Acre #17 – ¿Y los impuestos sobre la renta?*

¿Está contento de que le devuelvan los impuestos? Si recibió un reembolso, esto significa que simplemente pagó de más su obligación fiscal y recibió el dinero sin intereses. Lo ideal es que no quiera recibir un reembolso o pagar impuestes después de presenter su declaración. Existe una formula eficaz para que pueda darse un aumento y no pagar de más sus impuestos. Debe utilizar el dinero extra de su sueldo para pagar sus deudas y para invertirlo. Sea intencionado con las inversions y la jubilación. Más adelante sobre esta cosa llamada "Jubilación".

*Acre #18 – Si quiere un aumento de sueldo, ¡hagálo usted mismo!*

¿Son correctas sus retenciones W-4?

¿Sabía que puede darse un aumento de sueldo? Es un proceso de dos partes.

**Parte 1** - Observe los factores que hay que tener en cuenta antes de rellenar su W-4. Hay una fórmula para determinar cuántas retenciones debe reclamar. Cuanto mayor sea el número de retenciones más dinero tendrá en su cheque cada mes. Si usted recibe sistemáticamente la misma cantidad cada año como reembolso, entonces esto podría dar un buen empujón a su sueldo mensual.

**Parte 2** - Invertir el dinero adicional que se lleva a casa. Advertencia - No Lo Gaste......inviértelo o incluso ponlo en sus ahorros o fondo de emergencia. Recuerde que este es un proceso de dos partes. Sólo en el caso de que tenga que pagar algunos pequeños impuestos adicionales, el dinero está ahí. Qué gran sensación la de ¡¡¡¡saber que tienes dinero ahorrado !!!!

Consulte la fórmula para determinar su asignación en la sección de actividades de este capítulo.

# SÚBASE EL SUELDO CON SU W-4

*Acre #19 – Factores a tener en cuenta a la hora de rellenar sus retenciones W-4*

- Número de niños
- Estado civil
- Propiedad de la Vivienda
- Universidad/Jubilación
- Número de personas a cargo
- Situación laboral

Sólo un ejemplo:

| 1 prestación tomada | 4 prestaciones tomadas |
| --- | --- |
| 3.000 dólares mensuales | 3.000 dólares mensuales |
| - 600 dólares de impuestos | - 300 dólares de impuestos |
| 2.400 dólares se llevan a casa | 2.700 dólares se llevan a casa |

Coge esos trescientos dólares e inviértelos. Durante el primer año, a 300 dólares al mes, ha invertido 3.600 dólares a un interés del 8%, ha ganado doscientos ochenta y ocho dólares. Se ha dado un aumento cada mes y ha ganado interese por su dinero. Es mucho major que obtener un interés del cero por ciento en una devolución de impuestos.

- ¿Crees que es justo que ayudemos a pagar los servicios del gobierno?
- ¿Cree que el gobierno es el más indicado para gestionar estos servicios
- ¿Cree que el gobierno federal gasta el dinero de forma que se ajuste a sus valores?

## Acre #20 – ¡Quédase en casa y construye su propio negocio!

Olvidase del tráfico y de tener que levantarse, cambiarse de ropa y vestirse según el tiempo que haga. Trabajar desde la privacidad y la comodidad del hogar es una forma estupenda de ganarse la vida. Hay más de 3,7 millones de empleados que trabajan desde casa al menos la mitad del tiempo. (Fuente: Fundador 8 de abril de 2019) Todavía una de las mejores deducciones es tener un negocio en casa. Hay muchas deducciones y beneficios de trabajar desde casa y tener su propio negocio.

Elija una habitación de su casa como espacio de oficina. Los metros cuadrados de la casa lleva las deducciones: electricidad, gas, basura, etc. Cualquier reparación o mantenimiento que realice en la casa, si beneficia a la oficina es deducible (por ejemplo, techo nuevo, pintura, poda de árboles y corte de césped). Todos los suministros y equipos de la empresa son deducibles (por ejemplo, ordenador, impresora, papel, tinta, armarios, y archivadores, etc.). Veamos algunas otras deducciones empresariales: el kilometraje del vehículo, el mantenimiento y las reparaciones del vehículo. Manténgase al día con su kilometraje en un libro de registro de kilometraje y guarde todos los recibos (gasolina mantenimiento, hotel, comida y reparaciones). Mantenga el kilometraje personal separado del kilometraje de negocios. Puede utilizar sus recibos o el kilometraje estándar (en el momento de redactar este documento era de 57,5 céntimos por milla en 2020) - IRS 2020

Recuerde: Observe y registre el kilometraje antes y después de cada viaje. Registre también el kilometraje del primer día del año y del último día del año.

Apuntes (Cosas para recordar)

_____

_____

_____

_____

_____

_____

Preguntas para el debate:

1. Con esta información, ¿cree usted que la devolución de impuestos ha hecho que algunas personas se endeuden seriamente?
2. ¿Cómo podrían ayudar los 3.600 dólares de un fondo de emergencia si se estropeara su nevera o tuviera que cambiar la transmisión de su coche?
3. Saber que puede tener grandes deducciones de su negocio en casa, ¿cuál es su pasión? ¿Qué negocio le gustaría empezar?

Actividades: Acude a su oficina de recursos humanos y comprueba el número deprestaciones que está utilizando para sus impuestos. ¿Recibe sistemáticamente más de quinientos dólares al año en concepto de reembolso? Si es así, aumente sus asignaciones en uno por cada quinientos dólares que recupere, pero por favor, recuerde invertir ese dinero extra.

Ejemplo:    El reembolso para 2016 fue de 1.500 dólares/500 = 3

El reembolso para 2017 fue de 1.600 dólares/500 = 3,2

El reembolso para 2018 fue de 1.550 dólares/500 = 3,1

Si se observan los números anteriores, yo aumentaría mi asignación en tres. Si su situación financiera cambia, puede ir a cambiar sus asignaciones, ya sea al alza o a la baja. Si no está seguro, consulte a su contable u otro profesional fiscal.

¿Qué cree que debe tener en cuenta antes de iniciar un negocio? En el capítulo 10 trataremos este tema en profundidad.

# CAPÍTULO 7

# Seguros y planificación patrimonial

### Palabras clave

**Valor en metálico** – Pequeño porcentaje de crecimiento.

**Enfermedad crónica** - Ser incapaz de realizar dos actividades de la vida diaria durante al menos noventa días (bañarse, vestirse, comer, movilidad y el aseo).

**Enfermedad crítica** – Alguien que sufre un infarto de miocardio, un derrame cerebral, un cancer, un fallo orgánico y Alzheimer.

**Planificación de la situación patrimonial** - Formas legales importantes para tener en el lugar en caso de ser incapacitado o la muerte ocurre.

**Beneficios de vida** - La posibilidad de retirar dinero de su póliza si sufre una enfermedad crónica y crítica o se convierte en un enfermo terminal.

**Oficina de Seguros Médicos (MIB)** - Base de datos informática que almacena información médica y algunos datos no médicos para la detección de fraudes.

**La cantidad de la póliza** - Importe del pago en caso de fallecimiento de un asegurado.

**Prima** - El coste mensual del seguro.

**Factores de riesgo** - Tener aficiones o un estilo de vida que le exponga a un alto riesgo de sufrir lesiones o morir.

**Vida a plazo** - Asegurado por un tiempo determinado (en años).

**Enfermedad terminal** - Tener una esperanza de vida de 12 meses o menos.

**Vida entera** - Le cubre durante toda su vida, pero puede ser muy costoso.

*Acre #21 – Woo-Who.........Hablemos de seguros*

Un estudio revela que más del cuarenta por ciento de estadounidenses no tienen ningún forma de seguro de vida. Aunque el ochenta y cuarto por ciento de los estadounidenses afirma que la mayouría de la gente necesita un seguro, sólo el sesenta y ocho por ciento dice que lo necesita persoanlmente y sólo el cincuenta y nueve por ciento posee algún tipo de seguro. (Fuente: MarketWatch 4 de septiembre de 2018) ¿Quién debe tener un Seguro? **Todo el mundo**, a menos que sea rico. Los ricos pueden pagar sus arreglos funerarios y han adquirido suficiente riqueza y activos para que el futuro financiero de sus familias continúe como antes. La mayoría de la gente no está en esta categoría. El propósito del seguro es transferir el riesgo de pérdida del individuo a una compañía de seguros. El seguro no es sólo para el entierro, sino para la continuación; con al menos, el mismo estilo de vida que disfrutaban antes de la muerte de su ser querido. El seguro debe servir para sustituir los ingresos de la persona fallecida. Considere también el hecho de que en la inflación sucederá, así que tenga siempre un seguro suficiente para cubrir lo previsto y lo imprevisto. El seguro también transfiere el riesgo de uno mismo a la compañía de seguros. Si no tiene hijos, deudas o bienes, sólo necesita un seguro suficiente para el entierro. Tenga siempre un testamento, especialmente si tiene bienes.

**¿Qué cantidad de seguro debo contratar?** Al menos entre seis y diez veces sus ingresos anuales. Si sus ingresos anuales son de 60.000 dólares, debería comprar una póliza de 350.000 a 600.000 dólares. Por supuesto, si sus ingresos anuales son de 100.000 dólares, entonces debería comprar al menos una póliza de entre 600.000 y 1.000.000 de dólares. Recuerde que sus seres queridos tendrán que vivir sin sus ingresos durante años

No olvide la inflación, ya que el coste de la vida de la vida aumentará con el paso de los años. Si tiene una gran hipoteca y/o muchas deudas tendrá que adquirir más seguros. Recuerde que cuanto mayor sea más edad tenga cuando compre la póliza, más costará la prima al mes.

*Acre #22 – Compara los dos tipos básicos de seguros de vida*

**Seguro de vida entera**

*Más caro con menos cubertura
*No es una estrategia de inversión
*Acumula valor en efectivo poco a poco
*Si pide un préstamo contra la póliza y fallecer antes de que se pague, ahorros esa cantidad se deduce del valor nominal de la póliza
*No se puede recibir el valor nominal y el valor en efectivo

**Seguro de vida a término (10, 20, o 30) Años**

*Más barato
*Más cubertura
*Termina después del plazo
*Con el dinero que ahorra puede construir buen

Pregunta: ¿Compraría esta póliza de seguro de vida entera? Es un verdadero ¡¡ejemplo!!

El pago mensual es 500 dólares.

| Año | Prima | Valor en metálico | Beneficios |
| --- | --- | --- | --- |
| 1 | 6.000 dólares | 314 dólares | 950.000 dólares |
| 2 | 6.000 $ | 1.000 $ | 950.000 $ |
| 3 | 6.000 $ | 3.500 $ | 950.000 $ |
| 4 | 6.000 $ | 10.000 $ | 950.000 $ |
| 5 | 6.000 $ | 25.000 $ | 950.000 $ |
| 6 | 6.000 $ | 32.000 $ | 950.000 $ |
| 7 | 6.000 $ | 46.000 $ | 950.000 $ |
| 8 | 6.000 $ | 30.000 $ | 250.000 $ |
| 9 | 6.000 $ | 26.000 $ | 250.000 $ |

| | | | |
|---|---|---|---|
| 10 | 6.000 $ | 24.000 $ | 250.000 $ |
| 11 | 6.000 $ | 23.000 $ | 245.000 $ |
| 12 | 6.000 $ | 24.000 $ | 245.000 $ |
| 13 | 6.000 $ | 25.000 $ | 245.000 $ |
| 14 | 6.000 $ | 27.000 $ | 240.000 $ |
| 15 | 6.000 $ | 25.000 $ | 240.000 $ |

Entonces, ..... ¿compraría este seguro? ¿Qué pasó después del séptimo año? ¿Cuánta prima se ha pagado hasta el año quince? ¿Qué pasaría si, en el año quince, tomará prestados los 25.000 dólares del valor en efectivo y luego falleciera un mes después? ¿Cuánto recibiría realmente su beneficiario? ¿Cuánta prima se pagó para recibir esta cantidad?

Hagamos las cuentas

240.000 dólares - valor nominal
25.000 $ - prestados
215.000 $ - beneficio por fallecimiento

---

**90.000 dólares - prima pagada**

---

¿Qué significa "comprar a plazo e invertir la diferencia"?

Ejemplo: Marcos y María tienen treinta años y gastan 178 dólares en seguro de vida cada mes.

¡Comparemos los números!

| Seguro de vida entera 250.000 dólares | Seguro de vida a término (20 años) 500.000 dólares |
|---|---|
| * Seguro 178 dólares | * Seguro 21 dólares |
| * Inversión 0 dólares | * Inversiones 157 dólares |
| * A los 50 años 34.483 dólares | * A los 50 años 156.866 dólares |

* A los 70 años 124, 041 dólares
* El valor en efectivo crece muy lentamente

* A los 70 años 1.865.539 dólares
* La inversión es al 12% de interés

Si invierte la diferencia de lo que ahorra cada mes, llegará un momento en que su dinero de inversión tiene más valor que su póliza de seguro. En ese momento, es posible que ya no necesite un seguro de vida. Es por qué el seguro a plazo es sólo por un plazo o por un período de tiempo. Usted puede también (si lo desea) renovar el seguro de vida a plazo hasta que la renovación termine por de la edad, normalmente entre 75 y 85 años, puede entonces adquirir una póliza de vida entera. ¡Es costoso! Los seguros NO son una inversión.

### Acre #23 – Novedades en seguros de vida, protección hipotecaria y gastos finales

En 2016 algunas aseguradoras revolucionaron el sector de los seguros industria ofreciendo otra opción a los seguros de vida. Uno no tiene que morir para tener acceso al dinero de su seguro de vida (beneficios). Algunas compañías incluso le permitirán acceder al 100% de sus beneficios. ¿Por qué no lo vemos con más detalle?

Un nuevo estudio realizado por investigadores académicos revela que el 66,5% de las quiebras están relacionadas con problemas médicos, ya sea por los altos costes de la atención médica o el tiempo de baja laboral. Se calcula que 530.000 familias recurren a la quiebra cada año por problemas médicos y facturas que la investigación encontró. (CNBC 2/11/19)

¿Qué hace la protección hipotecaria por usted y su familia?
Protégé su familia
Protégé su valor de su Vivienda
Protégé sus ingresos
Protégé y hace crecer su patrimonio
Protégé a su familia para que no tenga que mudarse tras el fallecimiento de un preceptor de ingresos

Puede acceder a los beneficios si tiene una enfermedad crítica, una enfermedad crónica o enfermedad terminal y en algunos casos de muerte accidental el valor nominal se duplica. También cubre enfermedades futuras y algunas enfermedades preexistentes. No necesita un examen médico. Hay un proceso de cuatro pasos.

Aplicación
Historial de prescripción
Suscripción de campo
MIB - Oficina de Información Médica

El coste medio de los funerales en 2020 es de entre 7.000 y 12.000 dólares (lhlic.com). Incluye: velatorio y entierro, embalsamamiento, coche fúnebre, traslado de los restos y la tasa de servicio. El coste medio de un funeral con cremación es de 6.000 a 7.000 dólares. Estos costes no incluyen el cementerio, el monumento, lápida o flores.

Recuerda: los miembros de su familia están pasando por muchas emociones ahora mismo con su muerte. Tenga todo en orden y en un lugar donde al menos dos personas de la familia sepan dónde encontrar sus papeles e instrucciones importantes. Su familia se siente obligada a cumplir sus últimos deseos, así que póngalos por escrito y no espere demasiado. Hablaremos más de esto en la planificación de la situación patrimonial. Para saber si tiene derecho a un seguro de vida con prestaciones en vida, póngase en contacto con nosotros:

Caesarsfinancialgroup.com


*Acre #24 – ¿Qué otros tipos de seguro son necesarios?*

Propietarios de viviendas
Seguro de salud
De alquiler (si está alquilando)
Seguro de automóvil
Seguro de vida
Discapacidad a largo plazo

"El 84% de los estadounidenses estaría de acuerdo en que la mayoría de la gente necesita un seguro de vida, sin embargo, cuando se les preguntó, sólo el setenta por ciento dijo que lo necesitaba". (mejores tarifas de vida 2017)

> El 41% de los estadounidenses no tiene ningún seguro de vida"
> De los que sí lo tienen, casi un tercio sólo tiene una póliza colectiva básica"
> Cuatro de cada diez dijeron que estaban infraasegurados y el resto no lo sabían de ninguna manera"

Recuerde: si tiene un seguro de vida a través de su empresa, y deja la empresa, no tiene seguro de vida. La razón es que la empresa es la propietaria de la póliza, no usted. ¡Piénsalo así! Cuando va a un restaurante, puede usar la salsa de la carne, pero cuando se va, no puede llevársela. Debería tener su propio seguro de vida.

Otros seguros, como el médico o el de automóvil, tienen una deducible que hay que pagar primero. La compañía paga la diferencia una vez ha sido pagada la deducible. Un deducible más alto tendrá una prima mensual más baja, por lo que un deducible más bajo tendrá una prima mensual más alta. Esta es otra razón para tener un fondo de emergencia. ¡Cuanto más grande, mejor! Esfuércese por lo menos de seis a diez veces sus gastos mensuales. Asegúrese de hacer una revisión del seguro cada pocos años o después de acontecimientos importantes: nacimiento, fallecimiento, pérdida de un trabajo, aumento de sueldo, mudanza y universidad, por nombrar algunos. Si decide cambiar de póliza de seguro, nunca cancele una hasta que haya recibido la nueva póliza y esté en pleno vigor.

### Acre #25 – La planificación patrimonial es vital para todos

Así que …. pensaba que sólo los ricos necesitaban tener un plan de sucesión. ¡Piénselo de nuevo! Si tiene un abogado de familia, puede ayudarle con el proceso. No deje para más tarde la cumplimentación de estos formularios y luego guárdelos en un lugar seguro. Haga también una lista de todas sus pertenencias y mantenga esta información actualizada.

Documentos importantes a tener en cuenta

❖ <u>**Poder Notarial Duradero Para La Atención Sanitaria**</u>

Un documento legal que le permite designar a un agente para que tome sus decisiones de atención médica en su nombre. Usted debe dejar de ser capaz de

❖ <u>**Instrucciones A Los Médicos (Testamento Vital)**</u>

Es un documento que le permite instruir a su médico para que retenga procedimientos de mantenimiento de la vida. Dos médicos han certificado por escrito que el paciente tiene una enfermedad terminal incurable o irreversible y que la aplicación de procedimientos de mantenimiento de la vida sólo serviría para prolongar artificialmente el momento de la muerte.

❖ <u>**Última voluntad y testamento**</u>

Documento legal por el que una persona expresa sus deseos en cuanto a la distribución de sus bienes a su muerte, y nombra a una o más personas para que gestionen la herencia hasta su distribución final.

Recuerde: Si tiene hijos menores de 18 años, es conveniente que también tenga un formulario de tutela legal. Este formulario designará a la persona o personas que desea criar y tomar decisiones en nombre de sus hijos. Todos estos formularios son muy importantes. Repasemos la lista de formularios: Última voluntad y testamento, poder notarial duradero para la atención sanitaria, instrucciones para los médicos (testamento vital), tutela de hijos menores de edad y un fideicomiso (entidad legal que mantiene la propiedad o los activos en nombre de otra persona, grupo u organización).

Apuntes (Cosas para recordar)

_____

_____

_____

_____

_____

_____

Preguntas para el debate:

1. ¿Cómo se puede empezar a tener esta conversación con los padres?
2. ¿Qué hay que tener en cuenta para cubrir la invalidez a corto plazo?
3. ¿Cree que los arrendatarios deben tener un seguro de alquiler? ¿Por qué o ¿por qué no?

Actividades: Compruebe su póliza de seguro y sepa lo que tiene. Lea la letra pequeña con atención. Algunas personas compraron una póliza hace veinte, incluso treinta años, pero no saben realmente lo que tienen. Incluso compruebe la póliza de sus padres, ya que pueden tener una póliza de sólo 3.000 dólares que se compró en los años 70 u 80. Recuerde consultar una póliza con "beneficios de vida". En la siguiente línea añada visitar nuestra página web www.caesarsfinancialgroup.com

# CAPÍTULO 8

# El Interés y "La Regla del 72"

## Palabras clave

**Certificado de depósito (CD)** – Cuenta de ahorro que recibirá interés bajo a lo largo del tiempo.

**Interés Compuesto** – Interés sobre el interés.

**Depósito** - Poner dinero en el banco en algún tipo de cuenta.

**Interés** - Tasas pagadas para financiar algo a crédito o pagadas a un inversor o a un particular.

**Cuenta de Mercado Monetario** - Cuenta de ahorro que también recibe una pequeña cantidad de intereses.

**Dinero a Corto Plazo** - Dinero que se quiere utilizar en un periodo corto de tiempo, como de seis meses a un año.

**Retirada** - Sacar dinero del banco de una cuenta.

*Acre #26 – Conocer esta regla puede hacerle ganar o perder*

**¿Cuánto tiempo tardará SU dinero en DUPLICARSE?**

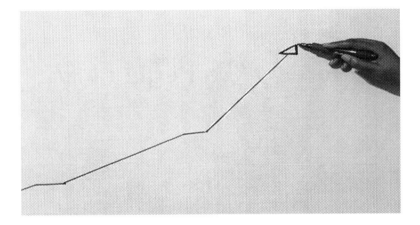

¿Qué es la "regla del 72" o "regla del banquero" y por qué es tan importante?

Esta regla, sencilla pero eficaz, no suele discutirse demasiado en los bancos locales. Si entendiera esta regla......bien, podría tener segundo pensamiento sobre el bajo tipo de interés que podría ganar. Recuerde que su fondo de emergencia y su dinero a corto plazo deben estar en una cuenta de ahorro y no a largo plazo/jubilación. Compruebe los números de este escenario.

Entra en un banco para depositar 2.500 dólares, y ve en la marquesina que la tasa de rendimiento de los depósitos de hoy es la siguiente:

- CDs a un año **hasta** el 1,0 % APY (500 $ para abrir)
- Cuentas del mercado monetario 1,17% (2.500 $ para abrir)
- Ahorro **hasta** el 1,20 APY (10.000 $ para abrir)

Parece que, como tiene 2.500 dólares, va a abrir una cuenta de mercado monetario y acumulará una tasa de interés del 1,17.

La regla del 72 o regla del banquero es esta..... cualquiera que sea el tipo de interés divídelo entre 72, y ese es el número de años (a ese tipo de interés) que tardará su dinero en duplicarse.

**Por ejemplo**

2% de interés = 2 dividido en 72 = 36 años para que sus 10.000 dólares crezcan hasta 20.000 dólares

6% de interés = 6 dividido entre 72 = 12 años para que sus 10.000 dólares crezcan hasta 20.000 dólares

12% de interés = 12 dividido entre 72 = 6 años para que sus 10.000 dólares crezcan hasta 20.000 dólares

Como puede ver claramente, el tipo de interés determina su tasa de riqueza. También hay que saber que "el tiempo es oro". Cuanto antes empiece a invertir, ¡mejor!

Esta regla funciona en contra de usted cuando está pagando intereses, pero funciona de la misma manera. Si está pagando intereses por algo, divide el tipo de interés entre 72 para ver lo rápido que se duplica lo que DEBE.

Ejemplo: 24% de interés en una compra de 2.000 dólares (24/72 = 3 años lo que debe se duplicará hasta que lo haya pagado). Es el interés compuesto de mala manera porque va en contra del consumidor.

Apuntes (Cosas para recordar)

_____

_____

_____

_____

_____

_____

Actividades: Entra en cualquier banco o conduce por la autopista y comprueba los carteles que tengan un anuncio del banco. En el momento de escribir este artículo el interés medio que se paga por un depósito es del 2,50% de interés. Con este tipo de interés tardará casi 25 años en duplicar su dinero.

¡¡¡¡NO TENGO TIEMPO PARA ESTO!!!!

Siga investigando para saber dónde encontrar el 6 % - 25 % de su dinero.

Poderoso, porque 72 dividido por 25% es sólo 3 años para que su dinero se duplique. Por cierto, no tiene que empezar con 5.000 dólares para invertir.

Recuerde: ¡El interés puede hacerle ganar o perder! Si está ganando intereses es algo bueno, pero si paga intereses es algo malo.

Apuntes (Cosas para recordar)

_____

_____

_____

_____

_____

_____

Preguntas para el debate:

1. ¿Qué significa esta norma para los consumidores?
2. ¿Cómo puede esta norma hacer o deshacer su patrimonio?
3. ¿Cree que los bancos y las compañías de tarjetas de crédito deberían explicar esta norma a todos sus clientes? ¿Por qué o por qué no?

Actividades: Busca en Internet qué entidades financieras ofrecen los tipos de interés más altos tanto en cuentas del mercado monetario como en certificados de depósito. ¿Cuál es la cantidad mínima que hay que depositar y durante cuánto tiempo para obtener ese tipo de rentabilidad?

# CAPÍTULO 9

# Cómo Hacer Asequibles Los Préstamos Estudiantiles

### Palabras clave

**Aplazamiento** - Temporalmente se detiene o reduce los préstamos estudiantiles federales, sobre la base de algún tipo de dificultad.

**FAFSA** - La Solicitud Gratuita de Ayuda Federal para Estudiantes.

**La Indulgencia** - Puede ser una opción si alguien está luchando para hacer los pagos.

**Programas de Perdón** - Pueden cancelar la totalidad o una parte del pago del Préstamo Federal Directo de una persona. Este puede ser el caso de los trabajos de servicio público y de los profesores. Algunos distritos pueden ofrecer esto como un incentivo para venir a enseñar en sus escuelas

**Becas (Grants)** - Dinero para la universidad que no hay que devolver.

**Beca (Scholarship)** - Dinero que se concede a los estudiantes que lo merecen y que cumplen ciertos requisitos.

**Refinanciación**- Puede reducir la cantidad pagada en horas extras, generalmente a través de prestamistas privados como bancos y cooperativas de crédito.

## LASHAUNDRA CAESAR

### *Acre #27 – Ser inteligente sobre el costo de la universidad*

En 2018 los estadounidenses debían más de 1,4392 billones en préstamos estudiantiles (studentloanhero.com 4 de febrero de 2019). La familia media debe más de 45.000 dólares de deuda de préstamos estudiantiles. Los padres tienen que ayudar a sus hijos a hacer la elección sobre qué instituto o universidad asistir. Recuerda que sólo el 54,8% de los estudiantes universitarios se gradúan en seis años. (Abigail Hess cnbc. com 10 de octubre de 2017). Muchos estudiantes están acumulando más de 45.000 dólares en deuda sin ¡nada que mostrar, lo que significa que no se graduaron! No sólo eso algunos estudiantes pueden decidir cambiar de especialidad antes de terminar su carrera. Ten un plan y cúmplelo. Puede ser una buena idea que su estudiante asista a una universidad comunitaria para sacarse de encima lo básico. Esto, por sí solo, le ahorrará miles de dólares. Muchos estudiantes consiguen un trabajo a tiempo parcial mientras estudian y se quedan en casa con sus padres durante al menos dos años. Las clases de colocación avanzada (AP) en la escuela secundaria ayudan a preparar a los estudiantes para el rigor y la dificultad de las clases de nivel universitario. Las clases de AP también ayudan a los estudiantes a obtener becas. La razón número uno por la que el treinta por ciento de los estudiantes abandonan la universidad en su primer año se debe a la falta de disciplina y la segunda razón son las finanzas.

### Precio Medio de La Matrícula

Universidad privada (de cuatro años): 32.000 dólares al año
Universidad pública (cuatro años) fuera del estado: 24.000 dólares al año
Universidad pública (cuatro años) en el estado: 9.500 dólares al año
Universidad comunitaria (dos años): 3.500 dólares al año

Disponer de un fondo de emergencia bien dotado podría hacer frente al coste de la universidad sin necesidad de obtener préstamos. Llenar la FAFSA para solicitar ayuda federal gratuita para la universidad. Asegúrese de solicitar todas las becas y ayudas que puedan estar disponibles y para las que su estudiante califique. Becas a través de: organizaciones, iglesias, académicos y atletas. Pueden ir desde unos pocos cientos de dólares hasta miles de dólares. Millones de dólares en becas no se reclaman cada año porque no se solicitan.

Apuntes (Cosas para recordar)

_____

_____

_____

_____

_____

_____

**¿Qué pasa con los programas de perdón?**

Programas de condonación: Condonación de Préstamos del Servicio Público (PSLF) el programa puede cancelar una parte o la totalidad de una persona del Préstamo Federal Directo Equilibrio (empleos públicos y profesores).

Calificaciones

Uno tiene que estar en el programa hasta 5 años
Si se pierde un pago, estará fuera del programa
Este es un programa del gobierno y puede ser
detenido o cambiado en cualquier momento

*Acre #28 – Nunca deje de aprender*

No HS Diploma
$493 Weekly
$25,636 Annual

HS Diploma
$678 Weekly
$35,256 Annual

Master's Degree
$1,341 Weekly
$69,732 Annual

Bachelor's Degree
$1,137 Weekly
$59,124 Annual

Associate's
Degree
$798 Weekly
$41,496 Annual

Apuntes (Cosas para recordar)

_____

_____

_____

_____

_____

_____

Preguntas para el debate:

1. Mire el G.P.A. (Promedio de calificaciones) de su estudiante. ¿Es por lo menos un 3.0 en la escuela secundaria?
2. ¿ Cuántas clases de AP ha intentado y aprobado el estudiante?

Actividades:

Empezar a buscar pronto las universidades a las que asistir. Esta conversación debería empezar mientras el niño está en la escuela intermedia.

Haga todo el papeleo de manera oportuna.

Exija a su estudiante que visite a su consejero cada semana para comprobar la información sobre becas al comienzo de su último año.

# CAPÍTULO 10

# Plan de Jubilación y Conocimientos Empresariales

## Palabras clave

**Edad/Tendencias Globales /Consideración Equilibrio**

**Diligencia Debida** – Hacer su propia investigación.

**Brecha Financiera** – La diferencia financiera donde está y donde le gustaría estar.

**Esperanza De Vida** - Cuánto tiempo puede esperar vivir una persona.

**Riesgos** – La probabilidad de perder algo.

**Seguridad Social** - Una cantidad que el gobierno pagará al individuo después de alcanzar una determinada edad.

*Acre #29–¿Qué hay que tener en cuenta antes de jubilarse?*

* ¿Tenemos entre tres y seis meses de ingresos en nuestro fondo de emergencia?
* ¿Estamos libres de deudas, excepto la hipoteca?
* ¿Dónde quiere vivir?
* ¿Tolerancia al riesgo/edad?
* ¿Su salud?
* Diligencia debida de la empresa de inversión (investigación)

## ¿Qué es el promediado del coste en dólares?

El coste medio en dólares consiste en invertir una cantidad fija cada mes en su cuenta de inversión, como un fondo de inversión. Independientemente de que el valor de su fondo suba o baje, usted invierte siempre la misma cantidad. Cuando el valor o el precio de sus acciones (fondo) baja, entonces el precio de una acción es más barato, por lo que puede acumular más acciones. se considera una ¡VENTA! Cuando los precios de las acciones suben o vuelven a subir, usted tiene más acciones que si el precio nunca hubiera bajado. ¡Genial! Mira este ejemplo:

* Invertir 100 dólares cada mes para comprar acciones
* El precio por acción es de 20 dólares, por lo que obtengo 5 acciones
* El precio de mercado bajó a 10 dólares por acción
* Ahora puedo comprar 10 acciones, en lugar de sólo 5
* Cuando el precio vuelve a subir o aumenta, ahora tengo más acciones (valor)
* Se considera una VENTA (Ganga)

¡¡¡¡¡ME ENCANTA ESTE MATERIAL!!!!!

Apuntes (Cosas para recordar)

_____

_____

_____

_____

_____

La mayoría de la gente trabajará:    40 años o más

40 horas a la semana o más

En jubilarse con el 40% de sus ingresos anteriores

¿Cómo será su vida en general a los 65 años?
100 personas de 65 años
El 45% depende de la familia/amigos
El treinta por ciento depende de la seguridad social o de la caridad
El veintitrés por ciento sigue trabajando
Dos por ciento son autosuficientes

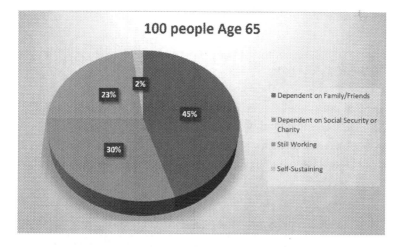

La mayoría de la gente está sobreviviendo a su dinero. Esta no tiene por qué ser su historia ni la de sus hijos. Su educación financiera podría literalmente traducirse en que sus siguientes generaciones sean financieramente libres o incluso ricas.

Tenemos que dejar de hablar de la planificación de la jubilación y empezar a hablar de planificar para cuando ya no se pueda trabajar. La jubilación no estaba para durar 30 o 40 años.

Uno de cada tres hombres y una de cada dos mujeres que se encuentran a mediados de los 50 años vivirán hasta los 90 años.

*Acre #30 – ¡La jubilación no es una edad sino un número económico!*

**Prepárese para la inflación** - Tenga en cuenta la jubilación. La jubilación no es una edad sino un número financiero. Invierta, invierta, invierta

**Seguir invirtiendo en acciones** - El rendimiento potencial de las acciones a lo largo es más probable que supere la inflación en comparación con el efectivo o los bancos, según el informe de Wells Fargo.

**Poner en marcha el cobro de la Seguridad Social** - Puede reclamar a los 62 años, pero si espera hasta los 70, su cheque mensual podría ser el doble.

**Tenga un gran 401(k), 403(b) o IRA** -Siga creando riqueza a lo largo de su vida.

**Pague todo en efectivo** - El efectivo es el rey.

**Anualidad indexada** - Un tipo de inversión que ofrece una garantía rentabilidad garantizada más una rentabilidad base de mercado, con menos riesgo que una renta vitalicia variable. Algunos inversores la llaman "lo mejor de ambos mundos" (Investopedia 28 de julio de 2019).

Las rentas vitalicias indexadas generalmente suben cuando el mercado sube, pero no se adaptan a la caída del mercado. Es una buena manera de crear un patrimonio generacional. Podría ser una buena forma de financiar la educación universitaria de sus hijos o nietos. Piensa en esto: .... ¿Y si colocas 5.000 dólares en una renta vitalicia y dejas que el mercado suba durante 18 años cuando el pequeño John Doe se gradúa de la escuela secundaria. Podría haber 50.000 o incluso 60.000 dólares en la cuenta. ¡Un buen comienzo para la Universidad!

*Acre #31 – ¿Quiere iniciar su propio negocio y ser su propio jefe?*

Creo que hay un negocio en todos nosotros. Sólo tiene que conocer su pasión y seguir el proceso para que tenga éxito. Tener un pasatiempo es muy diferente a tener un negocio, así que no trate su negocio como un pasatiempo, o ganará dinero como un pasatiempo. ¡Empecemos!

#1-Conozca su ¿Por qué?
#2 Conozca su nicho (quién)
#3 Identifique su cómo
#4 Desarrollar un discurso de presentación efectivo de 15 segundos

Cuando alquien le pregunta, ¿a qué se dedica?, ¿Cómo va a responder a esa pregunta?

Ejemplo: Ayudo a las personas y a las families a salir de sus deudas y crear riquez para el presente y el futuro, ayudándoles a llenar las lagunas donde están ahora y donde quieren estar.

Apuntes (Cosas para recordar)

_____

_____

_____

_____

_____

_____

Actividades: Escriba un discurso de presentación efectivo para su negcio potencial. Este es un documento vivo, así que modifícalo cuando sea necesario y practica su tono hasta que lo tenga claro.

## "Pasos Para El Éxito De Su Propio Negocio"

1. Su pasión /conocimiento
2. Presupuesto de inversion
3. Un socio
4. ¿Qué aspectos preferiría no hacer?
5. Empezar desde cero o comprar una ya existente

6. Negocio en casa
7. Empleados/licencias
8. Modelos de negocio/franquicias
9. ¿Quién puede ayudarle a aprender?
10. Crear un plan de negocio, investigar la responsabilidad civil, registrar su negocio

*Por ultimo, no trate su negocio como un pasatiempo

Apuntes (Cosas para recordar)

_____

_____

_____

_____

_____

_____

*Acre #32 – El importante plan de negocios*

## Plan de Negocios
Formato

## Resumen Ejecutivo

(¿Quién es el negocio?)

### Declaración de La Visión
(¿Cómo está preparado para prestar el servicio descrito
en el resumen ejecutivo?)

### Declaración de La Misión
(¿Por qué ha elegido esta empresa en particular?)

### Cultura
(¿Qué valores fundamentals está dispuesto a inculcar en su empresa?)

### Perfil de La Empresa y Del Sector
(¿Qué industria y cómo ha cambiado? ¿Apoyará la
industria su negocio a largo plazo?)

### Descripción de La Empresa
(¿Cómo se desglosará el negocio? ¿Quién
será el propietario? ¿Cuál es el mercado objetivo?)

Estructura –
Mercado Objetivo –
Objetivos Incluidos –

    1.
    2.
    3.
    4.
    5.

**Estrategia de Negocios**

(¿Por qué los consumidores deberían utilizar su empresa?
¿Qué pretende conseguir?)

Análisis SWOT (Inglés)

Puntos Fuertes (Strengths)-
Debilidades (Weaknesses)-
Oportunidad (Opportunity)-
Amenazas (Threats) -

Estrategia Competitiva
(¿Qué le da a su empresa la ventaja para triunfar?)

Servicios De La Empresa
(¿Qué servicios concretos presta?)

Beneficios Para El Cliente
(¿Cómo se beneficiará el cliente de su empresa?)

Estrategia y Plan De Marketing
¿cómo piensa comercializar su empresa? precio,
producto, lugar y promoción)

Producto (s)/Servicio (s)
(¿Cómo fijará el precio de los productos, servicios prestados?)

Precios
(¿Cuánto costarán sus productos y servicios?)

Promoción
(¿Cómo va a promocionar su negocio?)

Ubicación
(¿Cuáles son las ventajas/desventajas de la ubicación?)

# Análisis De La Competencia

El análisis de la competencia es una exposición de la estrategia empresarial y cómo se relaciona con la competencia. El objetivo del análisis de la competencia es determinar los puntos fuertes y débiles de los competidores dentro mi mercado, estrategias que me proporcionarán una clara ventaja, las barreras que se pueden desarrollar para evitar que la competencia de la competencia en mi mercado,y los puntos débiles que se pueden explotar en el ciclo de desarrollo del producto.

## POSICIÓN COMPETITIVA
## MODELO DE LAS CINCO FUERZAS DE LA COMPETENCIA

El modelo de las cinco fuerzas de la competencia se utiliza para proporcionar una mejor comprensión del sector empresarial. Estas cinco fuerzas son: la amenaza de nuevos participantes, el poder de negociación de los proveedores, el poder de negociación de los compradores, la amenaza de productos sustitutivos y la rivalidad entre las empresas competidoras.

1. La amenaza de los nuevos participantes -
2. El poder de negociación de los proveedores -
3. El poder de negociación de los compradores -
4. La amenaza de productos sustitutivos -
5. La rivalidad entre las empresas competidoras –

## PLAN PERSONAL

El Plan de Personal refleja el objetivo de proporcionar una cantidad amplia de personal de servicio.

## Previsión Financiera

Coste de puesta en marcha del negocio: Constitución, salarios, seguros, licencias y permisos. También, el coste de la papelería, las comunicaciones y la creación de una huella digital.

## SOLICITUD DE FINANCIACIÓN y ESTRATEGIA DE SALIDA

¿Cómo voy a recibir mi dinero y qué pasa si el negocio
no tiene éxito? ¿Cuál es mi estrategia de salida?

Apuntes (Cosas para recordar)

_____

_____

_____

_____

_____

_____

Preguntas para el debate:

1. ¿Por qué es una buena idea conocer su mercado?
2. ¿A quién conoce que pueda orientarle en la búsqueda de un negocio?
3. ¿Qué tipo de negocio cree que sería rentable en los próximos 2-3 años?

Actividades:

Piensa en uno o dos negocios que le gustaría poner en marcha en el próximo año, si el dinero estuviera ahí.

¿Qué haría para comercializar su negocio ahora y en el futuro?

Practiquemos la redacción de otro discurso de presentación o utilicemos el primero y hagamos que realmente fluya y sea usted.

# CAPÍTULO 11

# Inversión 101

## Palabras clave

**Interés Compuesto** – Cuando su dinero sigue duplicándose en función del tipo de interés.

**Consolidado** - Reunir en un todo único o unificado.

**Diversificar** - Tener la combinación adecuada de acciones, bonos y otras inversiones.

**Promedio Industrial Jones** - DOW, una editorial financiera de Nueva York, que muestra los precios medios de cierre de las acciones ordinarias de 30 empresas industriales, 20 de transporte y 15 de servicios públicos.

**Ejecución Hipotecaria** - El acto de ejecutar una hipoteca o una prenda.

**Liquidez** - Tener un acceso rápido y fácil a su dinero.

**Corrección del Mercado**- Descenso de al menos un diez por ciento o más en el mercado (generalmente dura de días a meses o más) es puede ser aterrador a corto plazo, pero una corrección puede ser algo bueno, ajustando los precios de los activos sobrevalorados y proporcionando oportunidades de compra.

**Mercado de Valores**- Un mercado particular en el que se negocian acciones y bonos; bolsa de valores.

LASHAUNDRA CAESAR

**Volatilidad**- Valor bursátil que puede cambiar repentinamente.

### *Acre #33 – Riesgos y crecimiento en equilibrio*

Los mercados llevan unos años cabalgando sin problemas con baja volatilidad pero el 14 de agosto de 2019 la volatilidad volvió a saltar a la bolsa marcando la cuarta mayor caída de la historia con un descenso de 800,49 puntos o un 3,5% por parte del Promedio Industrial Dow Jones. (CNBC) En los siguientes 3 días subió de nuevo un tres por ciento. De vez en cuando el mercado tendrá una corrección. Más adelante hablaremos de qué hacer y cómo prepararse para las subidas y cómo prepararse para las subidas y bajadas del mercado. Lo que sí sabemos es esto - más gente está comprando más gente está comprando casas, ya que las ejecuciones hipotecarias han bajado, pero los precios de las casas y los alquileres también están subiendo, menos gente está comprando vehículos, lo que podría pesar en la economía de los Estados Unidos. Los fabricantes de automóviles podrían tener que reducir puestos de trabajo si las ventas siguen disminuyendo. Algunos bancos están cerrando sus puertas o consolidando sus servicios. En 2017, el número de bancos que cerraron fue de ocho, ninguno cerró en 2018 y cuatro cerraron hasta noviembre de 2019. Algunos cerraron para ahorrar dinero porque menos personas estaban haciendo depósitos con cantidades más pequeñas. Simplemente, algunos estadounidenses comenzaron a encontrar un lugar mejor para guardar sus fondos, y tal vez incluso recibieron un rendimiento decente mayor que el dos por ciento de interés. No se puede crear riqueza si eso es lo que se intenta hacer con estos bajos pero los bancos tienen un propósito dependiendo de sus objetivos financieros. En una cuenta de ahorro no se crea riqueza, pero el dinero es líquido, lo que significa que se puede disponer de él de inmediato.

*Acre # 34 –El interés compuesto crea riqueza*

## ¡¡LA BOMBA DIGGITY!!
## EL INTERÉS COMPUESTO

- Ganar dinero con el dinero
- ¿Sabías que si empiezas a ahorrar e invertir 100 dólares al mes antes de los 21 años, tienes muchas posibilidades de tener más de un millón de dólares a los 65 años?

Diferentes Tipos de Fondos de Jubilación y Su Funcionamiento

401(k) - Un 401(k) es un plan de ahorro para la jubilación patrocinado por una empresa. Permite a los trabajadores ahorrar e invertir una parte de su sueldo antes de deducir los impuestos. Los impuestos no se pagan hasta que se retira el dinero de la cuenta.

403(b) - Es un plan de ahorro para la jubilación patrocinado por un empleador para organizaciones de educación pública, algunos empleadores sin ánimo de lucro, cooperativas organización de servicios hospitalarios, y ministros autónomos en los EE.UU.

Solo 401(k) - Es un plan de jubilación cualificado para los estadounidenses que fue diseñado específicamente para las empresas que no tienen empleados a tiempo completo, aparte de el propietario o los propietarios de la empresa y su cónyuge.

Roth IRA - Es una cuenta especial de jubilación en la que usted paga impuestos sobre el dinero que ingresa en su cuenta y luego todos los retiros futuros están libres de impuestos. Es la mejor opción cuando cree que sus impuestos serán más altos en JUBILACIÓN que en este momento. En 2019 el límite de ingresos es de 122.000 dólares. Para los solteros aumentará a 124.000 dólares en 2020. Para los casados parejas que viven conjuntamente el máximo es de 193.000 dólares, pero aumentará a 196.000 dólares en 2020. El máximo que una persona puede aportar si tiene 49 años o menos es de 6.000 dólares. Una persona de 50 años o más puede contribuir con un máximo de 7.000 dólares en 2019. www.investopedia.com

IRA simple/tradicional- Permite a una persona obtener una deducción fiscalpor el dinero que se aparta para la jubilación. Las aportaciones y las ganancias NO tributan hasta que se retiran. En algunas circunstancias puede obtener un retiro parcial de su cuenta.

SEP- IRA - Una IRA de pensión simplificada para empleados es una variación de la IRA. La adoptan los propietarios de empresas para proporcionar prestaciones de jubilación a ellos mismos y a sus empleados. Las aportaciones no pueden superar los 56.000 dólares y están sujetas a ajustes anuales por el coste de la vida en años posteriores. (www.irs.gov).

### El Interés Compuesto Crea Riqueza Generacional

**Actividad: Si tuvieras la oportunidad de cambiar un céntimo por 1.000.000 de dólares, sí $1,000,000 o esperar a que se componga el interés (doble) durante 31 días, ¿qué preferiría? Puede que quiera usar una calculadora. Los primeros 7 días están hechos para usted. Vea el diagrama más abajo. Si decide no escribir en su libreta, toma un papel y numera el lado del 1 al 31. La respuesta estará en la libreta y numera por el lado del 1 al 31. La respuesta estará en la siguiente página, pero sé que puede hacer las cuentas y averiguarlo por si mismo. ¡No olvide colocar los decimales en los lugares correctos!**

| Día 1 $.01 | Día 2 $.02 | Día 3 $.04 | Día 4 $.08 | Día 5 $.16 | Día 6 $.32 | Día 7 $.64 |
|---|---|---|---|---|---|---|
| Día 8 | Día 9 | Día 10 | Día 11 | Día 12 | Día 13 | Día 14 |
| Día 15 | Día 16 | Día 17 | Día 18 | Día 19 | Día 20 | Día 21 |
| Día 22 | Día 23 | Día 24 | Día 25 | Día 26 | Día 27 | Día 28 |
| Día 29 | Día 30 | Día 31 | | | | |

$10,737,418.24

No estoy seguro de dónde encontrar esta tasa de rendimiento. Hágame saber si usted lo sabe.Ya ve cómo funciona el interés compuesto. Probemos con una tasa de rendimiento más realista. ¿Cómo sería una rentabilidad del 8% para una inversión única de 10.000 dólares en un fondo de inversión?

| Año 0 | 10.000 dólares |
|---|---|
| Año 9 | 20.000 dólares |
| Año 18 | 40.000 dólares |
| Año 27 | 80.000 dólares |
| Año 36 | 160.000 dólares |
| Año 45 | 320.000 dólares |
| Año 54 | 640.000 dólares |
| Año 63 | 1.280.000 dólares |

## HAY TRES PROPÓSITOS PARA LAS INVERSIONES: PROTEGER, GANAR Y CRECER

**Proteger**: Mantener a salvo lo que tienes. Su prioridad es la seguridad y no gana intereses o crecimiento. Esto sólo puede seguir el ritmo de la inflación.

Ejemplos: cuentas de ahorro, certificados de depósito, cuentas del mercado monetario y Letras del Tesoro de EE.UU.

**Ganar**: Renunciar a un poco de control. Dar dinero a una empresa que promete un ingreso regular y predecible que puede superar la tasa de inflación

## LASHAUNDRA CAESAR

Ejemplos: acciones de servicios públicos, fondos de inversión de renta fija, bonos corporativos y bonos municipals.

**Crecer**: Inversiones que generalmente se revalorizan. Puede ser arriesgado si la empresa no muestra ningún o mucho crecimiento del capital.

Ejemplos: acciones, acciones de crecimiento y bienes raíces

¿Qué es la diversificación? ¿Ha oído alguna vez la expresión "poner todas las fichas en una misma cosa"? En la inversión, es conveniente tener una buena mezcla dependiendo de sus objetivos y de lo que intente conseguir. El objetivo de la diversificación es reducir el riesgo y protegerse contra la pérdida de dinero.

Apuntes (Cosas para recordar)

_____

_____

_____

_____

_____

_____

Preguntas para el debate:

1. ¿Cuáles son sus objetivos de inversión?
2. Si tienes que tener una tarjeta de crédito entra en www.creditkarma. com para comprobar el interés de sus tarjetas de crédito.

Actividades: ¿Cuánto interés está recibiendo su cuenta de ahorros o sus CDs ahora y calcula el tiempo que tardará su dinero en duplicarse utilizando la "Regla del 72".

# CAPÍTULO 12

# Inversiones En El Sector Inmobilario

## Palabras clave

**Adquisición** - El acto de recibir algo (bienes raíces).

**Interés Compuesto** - Cuando su dinero sigue duplicándose en función del tipo de interés.

**Promediación del Coste del Dólar** - Depositar sistemáticamente la misma cantidad de dinero cada mes.

**Patrimonio neto** - En términos de patrimonio neto de una vivienda, es la diferencia entre lo que debe por su casa y lo que vale.

**Estrategias de Salida** - Deshacerse de algo, normalmente mediante la venta.

**Prestamistas de Dinero Duro** - Personas que tienen dinero, generalmente en una cuenta de jubilación, que prestarán en bienes inmuebles por un corto período de tiempo hasta que se adquiera un préstamo (generalmente hasta cinco años).

**Híbrido** - Combinación de escrituras de impuestos y embargos fiscales, pero los propietarios pueden recomprar sus propiedades durante el período de redención establecido por los estatutos estatales y pagar los impuestos atrasados más los intereses.

**Ingresos Pasivos** - Ingresos que se obtienen y que no están relacionados con un trabajo.

**Periodo de Redención** - Periodo de tiempo para recibir algo de vuelta.

**Sectores** - Categoría de los diferentes tipos de inversión y cómo se agrupan.

## LASHAUNDRA CAESAR

**Escritura de Impuestos - Las** propiedades en mora de impuestos se venden por los impuestos atrasados que se deben

**Gravamen Fiscal** - Es un gravamen impuesto por la ley sobre una propiedad para garantizar el pago de impuestos.

*Acre #35 – Sólo hay unas pocas cosas que puede hacer con el dinero*

**(Gástalo, Ahórralo, Inviértelo, Regálalo, Escóndelo)**

ENCONTRAR EL DINERO PUEDE SER DIVERTIDO

- Pagar las tarjetas de crédito, No comprar cosas que no entienda, Hacer una venta de objetos de segunda mano
- Considere la posibilidad de aumentar sus franquicias en su(s) coche (s) y casa (s), Utilice entretenimiento GRATUITO
- Cancele su PMI-Seguro Hipotecario Privado, si ha acumulado un veinte por ciento de capital en su casa
- Utilice CUPONES & CUPONES DOBLES, Compre con una lista, Cambiar el servicio de cable
- Limite las comidas fuera de casa, ¿Su coche necesita realmente gasoline de alta calidad?
- NO JUEGE A LA LOTA O COMPRE SÓLO UN BILLETE, Refinancie su casa, Vigile esas garantías extendidas
- Olvídase de la ropa/zapatos de marca, compra genéricos, pueden tener la misma calidad

- Arregla su propio cabello (hagalo natural), uñas, dedos de los pies y lavado del coche, compra un coche con dos o tres años de antigüedad
- No gastar dinero en los últimos y mejores aparatos electrónicos

*Acre #36 – Formas de crear riqueza en el sector inmobiliario*

**Alquilar o comprar... ¿ Por qué los bienes inmuebles son una buena inversión?**

1. Se revaloriza
2. La depreciación para el ahorro de impuestos (itemización)
3. El patrimonio se acumula a lo largo del préstamo
4. El apalancamiento es el aumento del rendimiento de la inversión (ROI)
5. Ingresos residuales/pasivos

### Fórmula del (ROI) Retorno de la Inversión

Evaluación de Propiedades de Renta - Fórmula de Tasa de Capitalización

Ejemplo

| | |
|---|---|
| Precio de la propiedad (inversión total) | 150.000 dólares |
| Número de unidades | 1 |
| Dirección de la propiedad 54321 Mary Doe Drive | |
| Alquiler mensual | 1.600 dólares |
| (Si tiene una empresa de gestión de la propiedad, deje que ellos fijen el alquiler de la zona) | |
| Ingresos brutos (alquiler X 12 meses) | 19.200 dólares |
| Costes de explotación (1-4 unidades = 30%, 4+ unidades = 40% alquiler bruto) (mantenimiento, seguro, impuestos, desocupación, gestión de la propiedad, etc.) | 5.760 dólares |

Ingresos netos de explotación (NOI) = Beneficio al final   13.440 dólares
del año
NOI / Precio de la propiedad (inversión total) X 100 =
Tasa de capitalización%.

$13,440 / $150,000 = .0896 X 100 = 8.96

Una buena tasa de capitalización suele estar entre el 4 y el 12%. También
hay que tener en cuenta alquileres y gastos reales.

### Acre #37 – ¿Qué tipos de negocios inmobiliarios son los mejores para usted?

Ejecuciones hipotecarias - A corto plazo, dinero rápido, y usted tendrá que
traer algunos efectivo a la mesa

Opción de arrendamiento - Apreciación y deuda en efectivo (alquiler)

Casas móviles - Inversión más barata, dinero en efectivo (alquiler)

Préstamos en efectivo - Flujo de caja, dinero rápido, necesita dinero en
efectivo

Escrituras de impuestos o ventas de ejecuciones hipotecarias - Puede
conseguir propiedades baratas

Compra al por mayor y ventas por contrato - Se requiere poco dinero en
efectivo, y dinero rápido

*Acre #38 – Ejemplo de una operación de compra y mantenimiento*

OFERTA DE ALQUILER DE INMUEBLES

EL "DULCE TRATO" CON FINANCIAMIENTO
PRESTAMISTAS PARA PROPIEDADES DE INVERSIÓN

Se utiliza principalmente para hipotecas morosas, ejecuciones hipotecarias y quiebras.

Costo de casa   50.000 dólares

Reparaciones   10.000 $   PROS:   Capital de inversion rápido, no se puede obtener un prestamo convencial, respaldado por el valor de la propiedad y no por la puntuación de crédito, particulares o empresas, cierres sencillos y rápidos en 1 a 10 días

Total   60.000 $

Pago

| | | | |
|---|---|---|---|
| Inicial | <u>5.000 $</u> | | |
| Saldo | 55.000 $ | CONTRAS: | Relación préstamo-valor (LTV) más baja, (más arriesgada para los prestamistas) que oscila entre el 60 y el 75% delvalor de la propiedad, plazo de 12 meses o menos, tipo de interés del 12-21%, puntos añadidos al préstamo (normalmente de 3 a 6 puntos) |

*Acre #39 – Ganar un enorme de 25-50% de interés en Texas*

## IMPUESTO SOBRE LA PROPIEDAD DE TEXAS EMBARGO DE IMPUESTOS
## CERTIFICADOS Y ESCRITURAS DE IMPUESTOS

www.tedthomas.com

Pagar los impuestos a la propiedad que el condado necesita para: parques, construir escuelas, carreteras, bibliotecas, estaciones de bomberos, etc.

El plazo de amortización es de seis meses a dos años (en caso de propiedad agrícola o de vivienda).

Veinticinco por ciento (25%) de INTERÉS - 1er año.

Cincuenta por ciento (50%) de INTERESES - 2º año.

La venta del derecho de retención de impuestos le da derecho a cobrar los impuestos vencidos, más los intereses.

Usted puede ejecutar la hipoteca y poseerla.

Conozca las reglas de su condado.

Busque en el sitio web de avisos públicos (Texas Legal Notice) las subastas de impuestos para lm es en el estado y las direcciones de las propiedades.

## BÚSQUEDA DE SUBASTAS

Cada condado tiene normas y reglamentos que deben cumplirse

(Sitio web del recaudador de impuestos del condado de Bexar Albert Uresti)

Investigar las propiedades: tamaño, vecindario, condición (ver por sí mismo, tomar fotos, google y www.zillow.com) y la oferta minima (llamada telefónica o búsqueda en Internet)

### *Acre #40 – "Las grandes ideas"*

1. Su mentalidad puede hacer o deshacer su presupuesto. ¡Manténgase concentrado y sea disciplinado!
2. Ten un presupuesto y ajústase a él. ¡Esto es un asunto de familia!
3. Agradece lo que tiene y sé un buen administrador.
4. Si no puede pagar en efectivo, espere a tener el dinero. Efectivo ¡es el rey!
5. Controla su coche. Sepa exactamente lo que quiere y necesita. Contrata siempre un seguro GAP.
6. No pague de más por sus impuestos y súbase el sueldo sabiendo cuántas desgravaciones reclamar.
7. Asegúrese de tener el tipo y la cantidad correctos de seguro de vida. Recuerde que con las prestaciones en vida, no tiene que fallecer para poder utilizar su dinero.
8. Conozca y sepa calcular la "Regla del 72". Esto puede hacer o deshacer sus finanzas.
9. Asistir a una universidad comunitaria es mucho más barato que una universidad. Si tiene un estudiante fuerte que ha aprobado varias clases AP en la escuela secundaria, puede ser capaz de manejar el rigor de la universidad de los cursos universitarios. ¡Se necesita disciplina!

10. Sé consciente de sus finanzas. La jubilación no es una edad, sino un número financiero. Prepárase.

11. El interés compuesto crea riqueza. Investiga y haga su propia "Diligencia Debida" a la hora de invertir. Conozca cuáles son sus expectativas para invertir.

12. Los bienes raíces siguen siendo una de las mejores maneras, si no la mejor, de invertir y hacer crecer su riqueza.

# CAPÍTULO 13

# La Mula

Espero que **"¡Cuando 40 Acres y una Mula No Son Suficientes!"** le haya dado a usted y a sus seres queridos una serie de estrategias y consejos útiles para entender cómo funciona realmente el dinero. nos tiran de todas las direcciones sobre cómo y en qué gastar nuestro dinero. Es hora de que empujemos y tiremos hacia nuestro propio éxito financiero. Por favor, comparta este libro y las estrategias con otras personas que le importan. Cuéntale a otros las ventajas de tener un plan financiero sólido. Nuestro país necesita abrir la conversación sobre el dinero." Las Bocas Cerradas No Se Alimentan". El ochenta por ciento de los estadounidenses viven al día. Mi oración es que estas cifras disminuyan lo antes posible. Sólo hace falta que se pierda un cheque de pago o una enfermedad para destrozar el fondo de ahorro y de jubilación de una familia. Hay que estar preparado para lo inesperado. Hay que crear un fondo de emergencia que cubra al menos cuatro o cinco meses de gastos. Hay que poner al menos el quince por ciento del sueldo en una cuenta de jubilación y ceñirse a un presupuesto cada mes.

Tenemos el control de nuestras finanzas, Así que sea intencional sobre su futuro financiero y su éxito. Para ponerse en contacto con nosotros para obtener más información, visite nuestro sitio web: caesarsfinancialgroup.com

## EL CONOCIMIENTO ES EL PODER, PERO LA APLICACIÓN ES EL ÉXITO

### ¡Sea bendicido!

Printed in the United States
by Baker & Taylor Publisher Services